나의 하루 **1**줄

중국어 쓰기 수첩

☑ 기초문장 100

" 외국어는
매일의 습관입니다. "

매일 중국어 습관의 기적!

나의 하루 1줄
중국어 쓰기 수첩

✔ 기초문장 100

매일 한 줄 쓰기의 힘

많은 사람들이
중국어를 공부하고 싶어도
어떻게 공부해야 하는지 몰라 시작하길 주저하거나
기초 발음만 2~3달 공부하다가
지쳐서 포기하는 경우가 많습니다.

계속 위와 같이 작심삼일만 반복하고 싶으신가요?
아니면 하루 한 문장씩
확실히 익히고, 이를 직접 반복해서 써 보며
중국어를 정말 제대로 배워보고 싶으신가요?

한자, '많은 양을 무턱대고' 쓰지 말고 '하나씩 획순 따라 차근차근' 써 보세요.

중국어는 특히 '한자 쓰기'가 어려운 언어입니다.
따라서 마치 그림을 그리듯 한자를 어렵게 쓰는 분들이 많지요.
하지만 하루에 단어를 딱! 1~2개씩만 공부하고
이를 획순을 따라 천천히, 차근차근 쓰다 보면
3개월 뒤엔 100개의 중국어 문장을 완벽히 익히고 쓸 수 있게 됩니다.

발음과 성조, '한 번' 듣기로 끝내지 말고 '매일 꾸준히' 듣고 따라해 보세요.

중국어는 '발음과 성조'가 특히 까다로운 언어이기도 합니다.
따라서 한 번, 혹은 몇 번 듣고 마스터하는 것이 사실상 불가능하죠.
몇 번 듣고 나 다 했어~가 아닌
꾸준히 듣고 따라 하는 '매일의 반복 연습'을 통해서만
중국어 말하기 실력이 늘게 됩니다.

문법, '머리로만 달달' 외우지 말고 '단어의 어순'을 통해 익혀 보세요.

중국어 문법의 포인트는 '어순'입니다.
따라서 머리로만 문법 지식을 달달 외우지 말고
하루 한 문장씩 써 보며 그 안에 녹아 있는 '단어의 어순'을 통해
자연스럽게 중국어 문법을 익혀 보세요.

쓰기 수첩 활용법

DAY 010 ___월 ___일

저는 이곳의 직원이에요.

我 是 这 里 的 职 员。

Wǒ shì zhèlǐ de zhíyuán.

①

설명 「~的~」=「~의~」

这里的职员 이곳의 직원

: 的는 명사가 명사를 수식할 때 사용하며 '~의'라는 뜻으로 소속 관계를 나타내기도 합니다.

발음 [워 스 쩌리 더 즈위앤]

단어 써 보기

이곳	这 这 这 这 这 这 这		
这里	里 里 里 里 里 里 里		
zhèlǐ	这里			

②

직원	职 职 职 职 职 职 职 职 职 职		
职员	员 员 员 员 员 员 员		
zhíyuán	职员			

1

하루 1문장씩
제대로 머릿속에 **각인시키기**

『하루 한줄 중국어 기초문장 100』에서는 중국어에서 가장 기본적으로 사용하는 문장을 하루 1개씩 차근차근, 총 100개 문장을 익힐 수 있도록 구성하였습니다. 각 문장의 문장 구조에 대한 친절한 설명 및 한글로 표기된 발음을 보며 보다 쉽게 중국어를 배워 보도록 하세요.

2

각각의 한자를
차근차근 **획순**따라 **써 보기**

아무리 복잡한 한자도 차근차근 획순을 따라 쓰다 보면 손쉽게 쓰기를 마스터할 수 있습니다. 또한, 각 단어를 직접 소리 내어 읽고 쓰게 되면 발음과 뜻까지 정확하게 익힐 수 있습니다. 학습자들이 너무 많은 양을 공부하고 까먹는 부작용을 방지하고자, 하루에 새로운 단어는 약 2개만 배우고 써 보도록 구성하였습니다.

읽으면서 써 보기 (쓰고 √표시)

🎧 mp3 023

☐ 我 是 这 里 的 职 员。 Wǒ shì zhèlǐ de zhíyuán.

☐

☐

☐

☐

3

응용해서 써 보기

🎧 mp3 024

① 저는 이곳의 학생이에요. (학생 = 学生 xuésheng)

→

② 그는 이곳의 선생님이에요. (선생님 = 老师 lǎoshī)

→

> 정답
> ① 我是这里的学生。Wǒ shì zhèlǐ de xuésheng.
> ② 他是这里的老师。Tā shì zhèlǐ de lǎoshī.

4

단어 주석

A			不太	bú tài	그다지 ~지 않다
			不想	bù xiǎng	⑤ 바라지 않다
爱	ài	⑤ 사랑하다	不要	bú yào	⑤ ~하지 마라,
矮	ǎi	⑱ (사람의 키가) 작다			⑤ ~해서는 안 된다
安静	ānjìng	⑱ 조용하다	不在	bú zài	⑤ ~에 있지 않다
B			C		
吧	ba	⑤ 문장 끝에 쓰여 청유, 명령	菜	cài	⑱ 요리, 음식
		등의 어기를 나타냄	参加	cānjiā	⑤ 참가하다, 참여하다
八	bā	⑪ 여덟, 팔	厕所	cèsuǒ	⑱ 화장실
爸爸	bàba	⑱ 아빠, 아버지	茶	chá	⑱ 차
白色	báisè	⑱ 흰색	唱歌	chàng gē	⑤ 노래 부르다
半	bàn	⑯ 절반			

5

3 배운 문장 1개를 짬짬이 **반복해서 써 보기**

출퇴근길, 점심 식사 후, 쉬는 시간 등 하루 중 짬이 날 때마다 그날 배운 문장을 수첩에 반복해서 써 보도록 합니다. 틈틈이 반복해서 쓰다 보면 어느새 한 문장이 자연스럽게 머릿속에 각인이 되어 있을 것입니다.

4 응용 문장까지 써 보며 문장 구조 1개 **완벽 마스터**

앞서 배운 문장 구조에 다른 어휘들을 집어넣어 '응용 문장 2개'를 써 보며 그날 배운 문장을 완벽한 내 것으로 만듭니다.

5 단어 주석을 활용하여 꼼꼼히 **어휘 학습**

도서 내 모든 어휘의 사전적 해설이 부록 단어 주석에 있습니다.

쓰기 수첩 목차

나의 쓰기 체크 일지

본격적인 '하루 한줄 중국어 쓰기' 학습을 시작하기에 앞서, 수첩을 활용하여 공부하는 방법 및 '나의 쓰기 체크 일지' 활용 방법을 안내해 드리겠습니다. 꼭! 읽고 학습을 진행하시기 바랍니다.

 공부 방법

(1) 'DAY 1'마다 중국어 문장을 하나씩 학습합니다.
(ex) '我去买东西。저는 물건을 사러 가요.' 문장 학습

(2) 앞서 배운 문장에 등장한 새로운 한자를 직접 써 봅니다.
(ex) 买 mǎi 사다 / 东西 dōngxi 물건

(3) 입으로 직접 소리 내어 읽으면서 씁니다.
(ex) '我去买东西。Wǒ qù mǎi dōngxi.' 5번씩 쓰기

(4) 배운 문장에 새로운 단어들을 넣어 응용 문장까지 써 봅니다.
(ex) 我去上班。저는 출근하러 가요.

(5) 학습을 완료한 후 '나의 쓰기 체크 일지'에 체크(✔) 표시를 합니다.

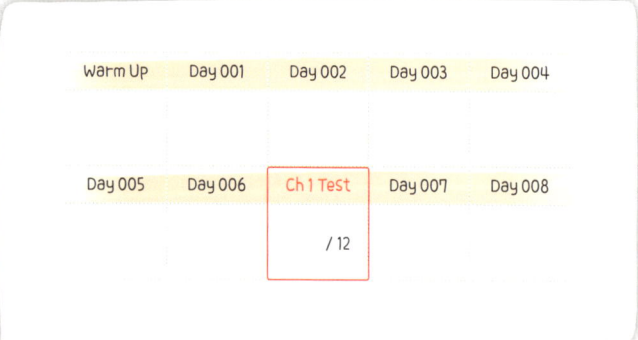

Warm Up	Day 001	Day 002	Day 003	Day 004
Day 005	Day 006	Ch 1 Test	Day 007	Day 008
		/ 12		

Day 009	Day 010	Day 011	Day 012	Day 013
Day 014	Ch 2 Test / 12	Day 015	Day 016	Day 017
Day 018	Day 019	Day 020	Ch 3 Test / 12	Day 021
Day 022	Day 023	Day 024	Day 025	Day 026
Day 027	Day 028	Day 029	Day 030	Day 031
Day 032	Ch 4 Test / 12	Day 033	Day 034	Day 035
Day 036	Day 037	Day 038	Day 039	Day 040

Day 041	Day 042	Day 043	Day 044	Ch 5 Test / 12
Day 045	Day 046	Day 047	Day 048	Day 049
Day 050	Day 051	Ch 6 Test / 12	Day 052	Day 053
Day 054	Day 055	Day 056	Day 057	Day 058
Day 059	Ch 7 Test / 12	Day 060	Day 061	Day 062
Day 063	Day 064	Day 065	Day 066	Ch 8 Test / 12
Day 067	Day 068	Day 069	Day 070	Day 071

Day 072	Day 073	Ch 9 Test	Day 074	Day 075
		/ 12		
Day 076	Day 077	Day 078	Day 079	Day 080
Ch 10 Test	Day 081	Day 082	Day 083	Day 084
/ 12				
Day 085	Ch 11 Test	Day 086	Day 087	Day 088
	/ 12			
Day 089	Day 090	Ch 12 Test	Day 091	Day 092
		/ 12		
Day 093	Day 094	Day 095	Ch 13 Test	Day 096
			/ 12	
Day 097	Day 098	Day 099	Day 100	Ch 14 Test
				/ 12

나의 다짐

다짐합니다.

나는 "나의 하루 한줄 중국어 쓰기 수첩"을

언제 어디서나 휴대하고 다니며

하루 한 문장씩 꾸준히 포기하지 않고

열심히 쓸 것을 다짐합니다.

만약 하루에 한 문장씩 쓰기로 다짐한

이 간단한 약속조차 지키지 못해

다시금 작심삼일이 될 경우,

이는 내 자신의 의지가 이 작은 것도 못 해내는

부끄러운 사람이란 것을 입증하는 것임을 알고,

따라서 내 스스로에게 부끄럽지 않도록

이 쓰기 수첩을 끝까지 쓸 것을

내 자신에게 굳건히 다짐합니다.

_____ 년 _____ 월 _____ 일

이름: _____

WARM
UP

중국어 기초문장 100개 쓰기 연습을 시작하기 전
중국어 기초 지식을 쌓아 봅시다.
중국어의 특징에 대해 알아보고
한어병음과 품사 및 문장 성분을 배워 봅니다.

중국어의 특징

중국어는 한국어와 사용하는 문자, 어순, 발음, 문법 등이 모두 다릅니다. 말을 배우기 전에 먼저 중국어에는 어떠한 특징이 있는지 알아봅시다.

하나, 한어병음과 성조

한자는 표의문자이기 때문에 글자를 읽기 위해서는 발음기호가 필요합니다. 1958년에 알파벳 로마자 표기법을 인용하여 제정된 발음기호를 한어병음이라고 합니다.

中 [Zhōng]　　国 [guó]

한어병음 위에 표시된 것은 음의 높낮이를 표시한 성조입니다. 중국어에는 4가지 성조가 있습니다. 제1성(ā), 제2성(á), 제3성(ǎ), 제4성(à)입니다.

둘, 간체자

중국에서는 문맹률을 낮추기 위해 한자의 복잡한 획수를 간단하게 바꿔서 사용하고 있습니다. 이것을 간체자라고 부릅니다. 우리나라의 한자와 비교해 볼까요?

學 - 学　　　國 - 国

왼쪽이 우리나라에서 사용하는 번체자이고, 오른쪽이 현재 중국에서 사용하는 간체자입니다.

셋, 형태 변화, 띄어쓰기, 경어법이 없다

중국어 문법의 가장 큰 특징은 엄격한 형태 변화가 없다는 것입니다. 다른 언어에서는 인칭, 시제, 단수/복수, 남성/여성 등의 구분에 따라 동사나 명사의 형태가 바뀌지만 중국어는 형태가 변화하지 않습니다. 또한 띄어쓰기가 없기 때문에 문장에서 무엇이 주어인지 목적어인지를 알기 위해서는 어순을 반드시 알아야 합니다. 마지막으로 중국어는 한국어만큼 경어법이 발달되어 있지 않습니다. 격식을 차리는 표현은 있지만, 한국어에서처럼 대화의 상대에 따라 동사가 변하거나 어미가 변하는 등 복잡한 표현을 따로 학습하지 않아도 됩니다.

(한어병음 음절표 262~263p)

중국어의 음절은 성모(자음)와 운모(모음)로 이루어져 있습니다. 이 음절의 발음기호(한어병음)는 알파벳으로 표기하지만 영어 발음과 다릅니다. 각 발음의 특징에 유의해서 연습해 봅시다. (한글 발음표시를 2음절로 나타냈지만 1음절로 발음하듯이 읽어야 합니다. 예: 으어≠으+어, 으어=으~어)

운모

🎧 mp3 001

단운모 (입모양이 변하지 않는 소리)	a 아	o 오어	e 으어	i 이	u 우	ü 위(입 모양은 '우'그대로)
복운모 (입모양이 변하는 소리)	ai 아이	ei 에이	ao 아오	ou 오우		
비운모 (비음을 사용한 소리)	an 안	en 언	ang 앙	eng 엉	ong 옹	
권설운모 (혀끝을 마는 소리)	er 얼					

성모

🎧 mp3 002

성모는 일정한 운모를 붙여야 소리를 낼 수 있습니다. 권설음과 설치음의 -i(으)는 단운모의 -i(이)와 다릅니다.

쌍순음, 순치음(f) (입술 소리, 아랫입술과 윗니 소리)	b(o) 뽀어	p(o) 포어	m(o) 모어	f(o) 포어
설첨중음 (혀끝 소리)	d(e) 뜨어	t(e) 트어	n(e) 느어	l(e) 르어
설근음 (혀뿌리 소리)	g(e) 그어	k(e) 크어	h(e) 흐어	
설면음 (혓바닥 소리)	j(i) 지	q(i) 치	x(i) 시	

권설음 (뒤 혀끝 소리)	zh(i)	ch(i)	sh(i)	r(i)
	즈	츠	스	르
설치음 (앞 혀끝 소리)	z(i)	c(i)	s(i)	
	즈	츠	스	

결합운모 <inline_katex>\bigcirc</inline_katex> mp3 003

운모 i, u, ü가 다른 운모 앞에 결합하여 결합운모를 이룹니다.

	a	o	e	ai	ei	ao	ou	an	en	ang	eng	ong
i	ia		ie			iao	iou	ian	in	iang	ing	iong
u	ua	uo		uai	uei			uan	uen	uang	ueng	
ü			üe					üan	ün			

표기법

i, u는 자음 없이 단독으로 발음될 때 각각 y, w로 바꾸어 표기하고 ü는 yu로 표기합니다.

i → y   ian → yan

u → w   uan → wan

ü → yu   üan → yuan

ü는 n, l과 함께 쓸 때만 위의 두 점을 표기합니다.

n → nü, nüe (nu와의 혼동을 피하기 위해서)

l → lü, lüe (lu와의 혼동을 피하기 위해서)

j → ju, jue, juan, jun

q → qu, que, quan, qun

x → xu, xue, xuan, xun

중국어에는 음절마다 음의 높낮이의 변화가 있습니다. 이것을 성조라고 하는데 제1성(ā), 제2성(á), 제3성(ǎ), 제4성(à)이 있습니다. 똑같은 발음이라도 성조가 다르면 뜻이 달라지므로 성조를 잘 구별하여 발음해야 합니다.

예를 들어 같은 fan이라도, 제1성일 때는 '돛'(fān, 帆)이라는 뜻이고, 2성일 때는 '짜증스럽다'(fán, 烦)의 뜻, 3성일 때는 '돌아오다'(fǎn, 返)의 뜻, 4성일 때는 '밥'(fàn, 饭)이라는 뜻입니다.

mp3를 따라 연습해 보세요.   🎧 mp3 004

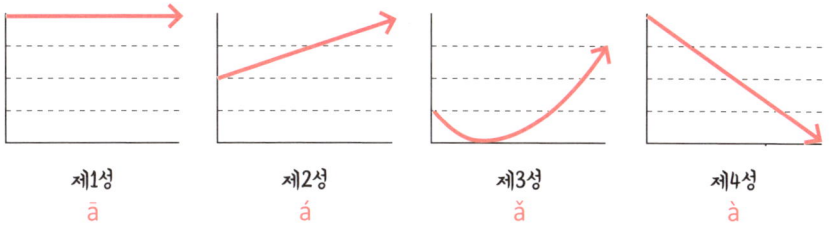

| 제1성 | 제2성 | 제3성 | 제4성 |
| ā | á | ǎ | à |

성조 부호 표기 위치

성조 부호는 운모 위에 표기하는데, 운모가 2개 이상일 때는 a e o i u/ü 순서로 표기합니다. (예: biāo, shuǎng, quē) 경성은 성조없이 가볍게 발음하기 때문에 부호를 생략합니다.

성조의 변화

3성과 bù(不)와 yī(一)는 이어지는 음절의 성조에 따라 성조가 바뀝니다.

1. 3성의 변화   3성 + 3성 → 2성 + 3성

3성 + 1성/2성/4성/경성 → 반3성 + 1성/2성/4성/경성

2. bù(不)의 변화   bù + 4성 → bú + 4성

3. yī(一)의 변화   yī + 1성/2성/3성 → yì + 1성/2성/3성

yī + 4성 → yí + 4성

중국어에도 동사, 명사와 같은 품사가 있습니다. 중국어의 품사는 단어의 문법적 기능에 따라 나눈 것으로 이 품사는 단어의 뜻과 함께 익혀 둬야 하는 중요한 개념입니다.

종류	의미	예시
명사	사람이나 사물의 명칭	书(책)、韩国(한국)
대명사	명사를 대신하는 단어	我(나)、你(너)
동사	동작, 행위를 나타내는 단어	去(가다)、吃(먹다)
형용사	성질, 상태를 나타내는 단어	好(좋다)、漂亮(예쁘다)
수사	숫자를 나타내는 단어	一(일)、十(십)
양사	수량을 셀 때 사용하는 단어	个(~개)、件(~벌)
부사	동사나 형용사를 꾸며주는 단어	很(아주)、已经(이미)
개사	시간, 장소, 방향, 원인 등을 나타내는 단어	在(~에서)、往(~으로)
접속사	단어와 단어, 문장과 문장을 이어주는 단어	和(~와)、如果(만약에)
조사	단어나 문장 뒤에 쓰여서 어법 관계를 나타내는 단어	的(~의)、吗(입니까?)、了('완료'를 나타냄)
의성어	소리를 흉내내는 단어	砰(펑)、咚咚(둥둥)
감탄사	감탄, 응답을 나타내는 단어	哎呀(아이고)、哼(흥)

문장 성분

주어, 목적어와 같이 문장에서 단어 간의 특별한 관계를 나타내는 것을 문장 성분이라고 합니다. 띄어쓰기와 형태 변화가 없는 중국어는 대부분 어순으로 문법적 관계를 나타내기 때문에 중국어의 문법을 배우기 위해서는 품사와 함께 이 문장 성분을 반드시 이해해야 합니다.

종류	의미	주요 품사
주어	동작이나 상태의 주체가 되는 말	명사, 대명사
서술어	주어를 설명하는 말	동사, 형용사, (명사, 수량사)
목적어	동작의 대상을 나타내는 말	명사, 대명사
관형어	명사와 대명사를 수식하는 말	명사, 수량사, 형용사, 동사
부사어	동사와 형용사를 수식하는 말	부사, 개사구, 명사
보어	동작이나 상태를 보충 설명하는 말	수량사, 형용사, 동사

문장 성분의 어순

중국어의 주요 어순을 정리하면 다음과 같습니다. 이 어순은 중국어 문법의 기준이 됩니다. 중심이 되는 성분(밑줄)의 앞뒤에 어떤 성분이 오는지 기억해 둡시다.

「주어 + 서술어 + 목적어」	我看电视。= 나는 + 본다 + TV를 주어(我) + 서술어(看) + 목적어(电视)
「부사어 + 서술어」	他在学校学习。= 그는 + 학교에서 + 공부한다 주어(他) + 부사어(在学校) + 서술어(学习)
「관형어 + 명사/대명사」	我的手机坏了。= 내 + 핸드폰이 + 고장났다 관형어(我的) + 명사(手机) + 서술어(坏了)
「서술어 + 보어」	她跑得很快。= 그녀는 + 뛴다 + 아주 빠르게 주어(她) + 서술어(跑) + 보어(得很快)

중국어를 배우기 전에 기본적인 인칭 대명사를 익혀 둡시다. 한국어와 달리 중국어는 대명사를 잘 생략하지 않습니다. 중국어의 인칭 대명사는 주어나 목적어, 관형어로 쓰일 때 모두 형태가 변하지 않고 그대로 쓰이며 특별한 조사를 사용하지 않습니다. (관형어는 조사 的 사용)

我 나 wǒ	(주어) 我是韩国人。	나는 한국인이에요.
	(목적어) 她理解我。	그녀가 나를 이해해요.
	(관형어) 我的书	내 책
你 너 nǐ	(주어) 你看什么？	너는 뭐 보니?
	(목적어) 老师叫你。	선생님께서 너를 부르셔.
	(관형어) 你的意见	너의 의견
他 그 tā	(주어) 他很帅。	그는 아주 멋있어.
	(목적어) 我看到他了。	나는 그를 봤어.
	(관형어) 他的学校	그의 학교
她 그녀 tā	(주어) 她很聪明。	그녀는 아주 똑똑해.
	(목적어) 我喜欢她。	나는 그녀를 좋아해요.
	(관형어) 她的鞋子	그녀의 신발
它 그것 tā	(주어) 它是什么？	그것은 뭐예요?
	(목적어) 我看到它。	나는 그것을 보았다.
	(관형어) 它的名字	그것의 이름

CHAPTER 01

일상생활 속 인사말 말하기

안녕!

你好!

Nǐ hǎo!

설명 「你好」=「안녕」

: 你는 인칭 대명사로 '너'라는 뜻이고, 好는 형용사로 '안녕하다'라는 뜻입니다. 나이에 관계없이 사용하는 인사말입니다.

발음 [니 하오]

단어 你 nǐ 你 你 你 你 你 你 你
好 hǎo 好 好 好 好 好 好

읽으면서 써 보기 (쓰고 √ 표시) 🎧mp3 005

☐ 你好！ Nǐ hǎo!

☐

☐

☐

☐

안녕하세요!

您 好 !

Nín hǎo!

설명 「您 好」=「안녕하세요」

: 您은 你의 존칭으로 '당신, 귀하'라는 뜻이고, 好는 형용사로 '안녕하다'라는 뜻입니다.
상대가 자신보다 나이가 많은 어른이나 지위가 높은 사람에게 사용하는 인사말입니다.

발음 [닌 하오]

단어 您 nín   您 您 您 您 您 您 您 您 您 您 您
         好 hǎo   好 好 好 好 好 好

읽으면서 써 보기	(쓰고 √ 표시)	🎧 mp3 006

☐ 您好！Nín hǎo!

☐

☐

☐

☐

선생님 안녕하세요!

老师好!

Lǎoshī hǎo!

설명 「~好」 = 「~ 안녕하세요」

老师好! 선생님 안녕하세요!

: 상대방의 호칭을 넣어서 인사하는 표현입니다. 老师(선생님)를 사용해서 인사합니다.

발음 [라오스 하오]

단어

老 lǎo   老 老 老 老 老 老

师 shī   师 师 师 师 师 师

| 읽으면서 써 보기 | (쓰고 √ 표시) | ○ mp3 007 |

☐ 老师好! Lǎoshī hǎo!

☐

☐

☐

☐

여러분 안녕하세요!

大家好!

Dàjiā hǎo!

설명 「~好」=「~ 안녕하세요」

大家好! 여러분 안녕하세요!

: 大家(여러분)를 사용해서 인사합니다. 老师好는 학생이 선생님에게, 大家好는 선생님이 학생들에게 인사할 때 사용합니다.

발음 [따지아 하오]

단어 大 dà   大 大 大
家 jiā   家 家 家 家 家 家 家 家 家 家

| 읽으면서 써 보기 | (쓰고 √ 표시) | mp3 008 |

☐ 大家好! Dàjiā hǎo!

☐

☐

☐

☐

또 보자!

再见!

Zàijiàn!

설명 「再见」= 「또 보자(= 잘 가)」
: 再는 '다시, 또'라는 뜻이고, 见은 동사로 '보다'라는 뜻입니다. 이것은 헤어질 때 하는
인사말로 '또 보자(= 잘 가)'라는 표현입니다.

발음 [짜이 찌엔]

단어 再 zài   再 再 再 再 再 再
         见 jiàn   见 见 见 见

읽으면서 써 보기 (쓰고 √ 표시)   🎧 mp3 009

☐ 再见! Zàijiàn!

☐

☐

☐

☐

내일 **보자**!

明天**见**!

Míngtiān jiàn!

설명 「~ **见**」= 「~ **보자**」

明天**见**! 내일 **보자**!

: 明天은 '내일'이라는 뜻이고, **见**은 동사로 '보다'라는 뜻입니다. 이렇게 동사 **见** 앞에 시간을 나타내는 단어를 사용하여 인사를 하면, 만날 시간을 구체적으로 말할 수 있습니다.

발음 [밍티엔 찌엔]

단어 明 míng 　 明　明　明　明　明　明　明　明

　　 天 tiān 　 天　天　天　天

읽으면서 써 보기 (쓰고 √ 표시) 　　　　　　　　 🎧 mp3 010

☐ 明天见! Míngtiān jiàn!

☐

☐

☐

☐

고마워요!

谢谢!

Xièxie!

설명 「谢谢」 = 「고마워요」

谢谢 ! 고마워요!

谢谢 老师 !   고맙습니다 선생님!

: 이것은 '고맙다'라는 뜻으로 뒤에 고마워하거나 감사하는 대상을 넣어서 말할 수 있습니다.

발음 [씨에 씨에]

단어 谢 xiè   谢 谢 谢 谢 谢 谢 谢 谢 谢 谢 谢

읽으면서 써 보기 (쓰고 √ 표시)   🎧 mp3 011

☐ 谢谢 ! Xièxie!

☐

☐

☐

☐

별말씀을요.

不客气。

Bú kèqi.

설명 「不客气」=「별말씀을요」

: 이것은 '별말씀을요'라는 뜻으로 谢谢에 대한 대답으로 사용합니다. 이 때, '不' 뒤에 나오는 음절이 제4성이므로 제2성으로 발음합니다. 또한 不用谢(búyòng xiè, 고마워할 필요 없어요)라는 말도 사용할 수 있습니다.

발음 [부 커치]

단어
不 bù	不 不 不 不	
客 kè	客 客 客 客 客 客 客 客 客	
气 qi	气 气 气 气	

읽으면서 써 보기 (쓰고 √ 표시)   🎧 mp3 012

☐ 不客气。Bú kèqi.

☐

☐

☐

☐

미안해요.

对不起。

Duìbuqǐ.

설명 「对不起」=「미안해요」

: 이것은 '미안하다'라는 뜻으로 사과할 때 사용하는 표현입니다.

발음 [뚜이부치]

단어
对 duì   对 对 对 对 对
不 bù   不 不 不 不
起 qǐ   起 起 起 起 起 起 起 起 起 起

읽으면서 써 보기 (쓰고 √ 표시)   🎧 mp3 013

☐ 对不起。Duìbuqǐ.

☐

☐

☐

☐

괜찮아요.

没关系。

Méi guānxi.

설명 「没关系」=「괜찮아요」
: 이것은 '괜찮아요'라는 뜻으로 对不起에 대한 대답으로 사용합니다.

발음 [메이 꽌씨]

단어

没 méi   没 没 没 没 没 没 没

关 guān   关 关 关 关 关 关

系 xi   系 系 系 系 系 系 系

읽으면서 써 보기   (쓰고 √표시)   🎧 mp3 014

☐ 没关系。Méi guānxi.

☐

☐

☐

☐

저는 이수영이라고 해요.

我 叫 李 秀 英。

Wǒ jiào Lǐ xiù yīng.

설명 「我 叫~」= 「나는 ~라고 하다」

我 叫 李秀英。 저는 이수영이라고 해요.

: 叫는 동사로 '무엇이라고 부르다', '무엇이라고 하다'라는 뜻입니다. 그래서 자신의 이름을
소개할 때 「我 叫+이름」의 형식을 사용합니다.

발음 [워 찌아오 리시우잉]

단어 써 보기

~라고 하다 **叫** jiào	叫 叫 叫 叫 叫				
	叫				

| 읽으면서 써 보기 | (쓰고 √표시) | 🎧 mp3 015 |

☐ 我叫李秀英。Wǒ jiào Lǐ xiù yīng.

☐

☐

☐

☐

| 응용해서 써 보기 | 🎧 mp3 016 |

---

① 저는 왕웨이라고 해요. (왕웨이 = 王伟 Wáng wěi)

→

---

② 저는 리나라고 해요. (리나 = 李娜 Lǐ nà)

→

정답

① 我叫王伟。Wǒ jiào Wáng wěi.
② 我叫李娜。Wǒ jiào Lǐ nà.

※ 배운 문장을 기억하여 중국어로 써 보세요. (정답 254p)

① 안녕! →

② 안녕하세요!(您) →

③ 선생님 안녕하세요! →

④ 여러분 안녕하세요! →

⑤ 또 보자! →

⑥ 내일 보자! →

⑦ 고마워요! →

⑧ 별말씀을요. →

⑨ 미안해요. →

⑩ 괜찮아요. →

⑪ 저는 이수영이라고 해요. (李秀英) →

⑫ 저는 왕웨이라고 해요. (王伟) →

※ 어려운 문장 체크

CHAPTER 02

직업, 국적, 관계 말하기

- 是(이다)

저는 학생이에요.

我是学生。

Wǒ shì xuésheng.

설명 「我是~」= 「나는 ~이다」

我是学生。저는 학생이에요.

: 是는 중국어의 대표적인 동사로 '~이다'라는 뜻이며 「A是B(A는 B이다)」의 형식으로
사용합니다. A와 B, 즉 주어와 목적어는 명사나 대명사를 사용합니다.

발음 [워 스 쉬에셩]

단어 써 보기

~이다	是 是 是 是 是 是 是 是 是				
是 shì	是				

학생	学 学 学 学 学 学 学 学 生 生 生 生 生		
学生 xuésheng	学生		

□ 我是学生。 Wǒ shì xuésheng.

□

□

□

□

응용해서 써 보기　　　　　　　　🎧 mp3 018

① 저는 선생님이에요. (선생님 = 老师 lǎoshī)

　→

② 저는 의사예요. (의사 = 医生 yīshēng)

　→

정답
① 我是老师。 Wǒ shì lǎoshī.
② 我是医生。 Wǒ shì yīshēng.

저는 한국 사람이에요.

我是韩国人。

Wǒ shì Hánguórén.

설명 「국가+人」=「~나라 사람」

韩国人 한국 사람, 中国人 중국 사람

: 국가명 뒤에 人(사람)을 붙이면 '~나라 사람'이라는 뜻이 됩니다.

발음 [워 스 한구어런]

단어 써 보기

한국 韩国 Hánguó	韩 韩 韩 韩 韩 韩 韩 韩 韩 韩 韩 韩 国 国 国 国 国 国 国 国			
	韩国			

사람 人 rén	人 人				
	人				

(쓰고 √ 표시)　　　　　🎧 mp3 019

☐ 我是韩国人。 Wǒ shì Hánguórén.

☐

☐

☐

☐

읽응용해서 써 보기　　　　　🎧 mp3 020

① 저는 미국 사람이에요. (미국 사람 = 美国人 Měiguórén)

　→

② 저는 중국 사람이에요. (중국 사람 = 中国人 Zhōngguórén)

　→

정답
① 我是美国人。 Wǒ shì Měiguórén.
② 我是中国人。 Wǒ shì Zhōngguórén.

저는 그의 여동생이에요.

我是他的妹妹。

Wǒ shì tā de mèimei.

설명 「~的+명사」=「~의+명사」

他的妹妹 그의 여동생

: 的는 명사가 명사를 수식할 때 사용하며 조사로 '~의'라는 뜻을 나타냅니다.

발음 [워 스 타 더 메이메이]

단어 써 보기

~의	的 的 的 的 的 的 的 的				
的 de	的				

여동생	妹 妹 妹 妹 妹 妹 妹 妹		
妹妹 mèimei	妹妹		

🎧 mp3 021

☐ 我是他的妹妹。 Wǒ shì tā de mèimei.

☐

☐

☐

☐

응용해서 써 보기 🎧 mp3 022

① 저는 그의 형이에요. (형, 오빠 = 哥哥 gēge)

→

② 저는 그녀의 언니예요. (언니, 누나 = 姐姐 jiějie)

→

정답
① 我是他的哥哥。 Wǒ shì tā de gēge.
② 我是她的姐姐。 Wǒ shì tā de jiějie.

저는 이곳의 직원이에요.

我是这里的职员。

Wǒ shì zhèlǐ de zhíyuán.

설명 「~的+명사」=「~의+명사」

这里的职员 이곳의 직원

: 的는 명사가 명사를 수식할 때 사용하며 '~의'라는 뜻으로 소속 관계를 나타내기도 합니다.

발음 [워 스 쩌리 더 즈위엔]

단어 써 보기

이곳 **这里** zhèlǐ	这 这 这 这 这 这 这 里 里 里 里 里 里 里			
	这里			

직원 **职员** zhíyuán	职 职 职 职 职 职 职 职 职 职 职 员 员 员 员 员 员 员			
	职员			

(쓰고 √ 표시) 🎧 mp3 023

☐ 我是这里的职员。 Wǒ shì zhèlǐ de zhíyuán.

☐

☐

☐

☐

응용해서 써 보기 🎧 mp3 024

① 저는 이곳의 학생이에요. (학생 = 学生 xuésheng)

→

② 그는 이곳의 선생님이에요. (선생님 = 老师 lǎoshī)

→

정답
① 我是这里的学生。 Wǒ shì zhèlǐ de xuésheng.
② 他是这里的老师。 Tā shì zhèlǐ de lǎoshī.

저는 1학년 (학생)이에요.

我是一年级的。

Wǒ shì yī niánjí de.

설명 「~的+(명사)」＝「~의+(사람, 것)」

我是一年级的(学生)。 저는 1학년 (학생)이에요.

: 的 뒤의 명사가 사람, 사물의 통칭으로 이미 아는 것일 때 이 명사를 생략할 수 있습니다. 이때 的는 '~의 사람', '~의 것'으로 해석합니다.

발음 [워 스 이 니엔지 더]

단어 써 보기

학년 年级 niánjí	年 年 年 年 年 年 级 级 级 级 级 级 级			
	年级			

~의 사람/것 的 de	的 的 的 的 的 的 的 的			
	的			

(쓰고 √ 표시) 🎧 mp3 025

☐ 我是一年级的。 Wǒ shì yī niánjí de.

☐

☐

☐

☐

응용해서 써 보기 🎧 mp3 026

① 저는 4학년 (학생)이에요. (4학년 = 四年级 sì niánjí)

　→

② 저는 마케팅부서 (직원)이에요. (마케팅부서 = 营销部 yíngxiāobù)

　→

저도 선생님이에요.

我也是老师。

Wǒ yě shì lǎoshī.

설명   「我也是~」=「나도 ~이다」

我也是老师。저도 선생님이에요.

: 是 앞에 부사 也(~도, 역시)를 사용하여 「A也是B(A도 B이다)」의 형식으로 사용합니다.

발음   [워 예 스 라오스]

단어 써 보기

~도
也
yě

也 也 也

也					

선생님
老师
lǎoshī

老 老 老 老 老 老
师 师 师 师 师 师

老师			

읽으면서 써 보기 (쓰고 √ 표시) 🎧 mp3 027

□ 我也是老师。 Wǒ yě shì lǎoshī.

□

□

□

□

응용해서 써 보기 🎧 mp3 028

① 저도 학생이에요. (학생 = 学生 xuésheng)

　→

② 저도 한국 사람이에요. (한국 사람 = 韩国人 Hánguórén)

　→

정답
① 我也是学生。 Wǒ yě shì xuésheng.
② 我也是韩国人。 Wǒ yě shì Hánguórén.

저는 사장이 아니에요.

我不是经理。

Wǒ bú shì jīnglǐ.

설명 「我不是~」=「나는 ~이/가 아니다」
我不是经理。 저는 사장이 아니에요.
: 是(이다)의 부정형은 不是(아니다)로 동사 是 앞에 부정 부사 不(안)를 사용한 것입니다. 「A不是B(A는 B가 아니다)」의 형식으로 사용합니다.

발음 [워 부 스 찡리]

단어 써 보기

~이 아니다 **不是** bú shì	不 不 不 不			
	是 是 是 是 是 是 是 是 是			
	不是			

사장 **经理** jīnglǐ	经 经 经 经 经 经 经 经			
	理 理 理 理 理 理 理 理 理 理			
	经理			

☐ 我不是经理。 Wǒ bú shì jīnglǐ.

☐

☐

☐

☐

① 저는 선생님이 아니에요. (선생님 = 老师 lǎoshī)

→

② 저는 그의 누나가 아니에요. (언니, 누나 = 姐姐 jiějie)

→

정답
① 我不是老师。Wǒ bú shì lǎoshī.
② 我不是他的姐姐。Wǒ bú shì tā de jiějie.

우리는 **모두** 중국 사람**이에요.**

我们都是中国人。

Wǒmen dōu shì Zhōngguórén.

설명 「我们都是~」=「우리는 모두 ~이다」

我们都是中国人。우리는 모두 중국 사람이에요.

: 是 앞에 부사 都(모두)를 사용하여 「A都是B(A는 모두 B이다)」의 형식으로 사용합니다.

발음 [워먼 또우 스 쫑구어런]

┌─────────────────┐
│ **단어 써 보기** │
└─────────────────┘

모두 **都** dōu	都 都 都 都 都 都 都 都 都 都
	都

중국 **中国** Zhōngguó	中 中 中 中 国 国 国 国 国 国 国 国
	中国

□ 我们都是中国人。 Wǒmen dōu shì Zhōngguórén.

□

□

□

□

① 우리는 모두 한국 사람이에요. (한국 사람 = 韩国人 Hánguórén)

→

② 우리는 모두 학생이에요. (학생 = 学生 xuésheng)

→

※ 배운 문장을 기억하여 중국어로 써 보세요. (정답 254p)

① 저는 학생이에요. →

_____

② 저는 선생님이에요. →

_____

③ 저는 한국 사람이에요. →

_____

④ 저는 중국 사람이에요. →

_____

⑤ 저는 그의 여동생이에요. →

_____

⑥ 저는 이곳의 직원이에요. →

_____

⑦ 저는 1학년 (학생)이에요. →

_____

⑧ 저도 선생님이에요. →

_____

⑨ 저도 학생이에요. →

_____

⑩ 저는 사장이 아니에요. →

_____

⑪ 저는 그의 누나가 아니에요. →

_____

⑫ 우리는 모두 중국 사람이에요. →

_____

※ 어려운 문장 체크

CHAPTER 03

날짜, 시간, 나이 말하기
- 명사술어문

오늘은 월요일이에요.

今天星期一。

Jīntiān xīngqīyī.

설명 「今天星期~」=「오늘은 ~요일이다」
今天星期一。오늘은 월요일이에요.
: '오늘은 월요일이에요'는 원래 今天是星期一라고 해야 하지만, 중국어에서는 요일을 말할 때 동사 是(이다)를 생략해서 말합니다. 星期는 '요일'이란 뜻으로 뒤에 숫자를 사용해서 요일을 나타냅니다. (단, 일요일은 제외!)

발음 [찐티엔 씽치 이]

단어 써 보기

오늘 今天 jīntiān	今 今 今 今 天 天 天 天		
	今天		

요일 星期 xīngqī	星 星 星 星 星 星 星 星 星 期 期 期 期 期 期 期 期 期 期 期		
	星期		

58

☐ 今天星期一。 Jīntiān xīngqīyī.

☐

☐

☐

☐

응용해서 써 보기　mp3 034

월	화	수	목	금	토	일
星期一	星期二	星期三	星期四	星期五	星期六	星期天
xīngqīyī	xīngqī'èr	xīngqīsān	xīngqīsì	xīngqīwǔ	xīngqīliù	xīngqītiān

① 오늘은 화요일이에요.

　→

② 오늘은 토요일이에요.

　→

정답
① 今天星期二。 Jīntiān xīngqī'èr.
② 今天星期六。 Jīntiān xīngqīliù.

오늘은 1월 1일이에요.

今天一月一号。

Jīntiān yī yuè yī hào.

설명 「今天~月~号」= 「오늘은 ~월 ~일이다」
今天一月一号。 오늘은 1월 1일이에요.
: 중국어에서는 날짜를 말할 때도 동사 是(이다)를 생략할 수 있습니다.

발음 [찐티엔 이 위에 이 하오]

단어 써 보기

| 월 月 yuè | 月 月 月 月 |
| | 月 |

| 일 号 hào | 号 号 号 号 号 |
| | 号 |

☐ 今天一月一号。 Jīntiān yī yuè yī hào.

☐

☐

☐

☐

응용해서 써 보기   🎧 mp3 036

1	2	3	4	5	6	7	8	9	10
一	二	三	四	五	六	七	八	九	十
yī	èr	sān	sì	wǔ	liù	qī	bā	jiǔ	shí

① 오늘은 2월 3일이에요.

→

② 오늘은 3월 10일이에요.

→

정답
① 今天二月三号。 Jīntiān èr yuè sān hào.
② 今天三月十号。 Jīntiān sān yuè shí hào.

지금은 12시예요.

现在十二点。

Xiànzài shí'èr diǎn.

설명　「现在~点」＝「지금은 ~시이다」

现在十二点。지금은 12시예요.

现在十二点二十分。지금은 12시 20분이에요. (分 fēn = 분)

: 중국어에서는 시간을 말할 때도 동사 是(이다)를 생략할 수 있습니다. 点(시)은 시각을 나타낼 때 사용합니다.

발음　[시엔짜이 스얼 디엔]

┌─────────────────┐
│ **단어 써 보기** │
└─────────────────┘

지금 **现在** xiànzài	现 现 现 现 现 现 现 现 在 在 在 在 在 在			
	现 在			

시 **点** diǎn	点 点 点 点 点 点 点 点 点				
	点				

□ 现在十二点。 Xiànzài shí'èr diǎn.

□

□

□

□

응용해서 써 보기 🎧 mp3 038

1	2	3	4	5	6	7	8	9	10
一	二/两	三	四	五	六	七	八	九	十
yī	èr/liǎng	sān	sì	wǔ	liù	qī	bā	jiǔ	shí

① 지금은 3시예요.

→

② 지금은 7시 50분이에요.

→

정답
① 现在三点。Xiànzài sān diǎn.
② 现在七点五十分。Xiànzài qī diǎn wǔshí fēn.

지금은 **2시** 반이에요.

现在两点半。

Xiànzài liǎng diǎn bàn.

설명 「两+양사」 = 「둘+시간 명사」

现在两点半。 지금은 **2시** 반이에요. (半 bàn = 三十分 sānshí fēn = 30분)
: 2 뒤에 양사(시간, 사람의 수)가 올 때는 二(이)이 아니라 两(둘)을 사용합니다. 그러나 12, 20은 뒤에 양사가 와도 二을 그대로 씁니다.
现在十二点。 지금은 12시예요.

발음 [시엔짜이 량 디엔 빤]

단어 써 보기

둘 **两** liǎng	两 两 两 两 两 两 两
	两					

반 **半** bàn	半 半 半 半 半
	半					

☐ 现在两点半。Xiànzài liǎng diǎn bàn.

☐

☐

☐

☐

응용해서 써 보기 🎧mp3 040

1	2	3	4	5	6	7	8	9	10
一	二/两	三	四	五	六	七	八	九	十
yī	èr/liǎng	sān	sì	wǔ	liù	qī	bā	jiǔ	shí

① 지금은 2시 10분이에요.

→

② 지금은 2시 55분이에요.

→

정답

① 现在两点十分。Xiànzài liǎng diǎn shí fēn.
② 现在两点五十五分。Xiànzài liǎng diǎn wǔshíwǔ fēn.

올해 서른 살이에요.

今年三十岁。

Jīnnián sānshí suì.

설명 「今年~岁」= 「올해 ~살이다」

今年三十岁。 올해 서른 살이에요.

: 중국어에서는 나이를 말할 때도 동사 是(이다)를 생략할 수 있습니다. 岁(~살)는 나이를 말할 때 사용합니다.

발음 [찐니엔 싼스 수이]

단어 써 보기

올해 今 年 jīnnián	今 今 今 今 年 年 年 年 年 年			
	今 年			

~살 岁 suì	岁 岁 岁 岁 岁 岁				
	岁				

☐ 今年三十岁。 Jīnnián sānshí suì.

☐

☐

☐

☐

1	2	3	4	5	6	7	8	9	10
一	二/两	三	四	五	六	七	八	九	十
yī	èr/liǎng	sān	sì	wǔ	liù	qī	bā	jiǔ	shí

① 올해 두 살이에요.

  →

② 올해 서른아홉 살이에요.

  →

정답
① 今年两岁。 Jīnnián liǎng suì.
② 今年三十九岁。 Jīnnián sānshíjiǔ suì.

키가 1미터 60이에요.

身高一米六。

Shēngāo yì mǐ liù.

설명 「身高~米~」=「키가 ~미터이다」

身高一米六。키가 1미터 60이에요.

: 중국어에서는 키를 말할 때도 동사 是(이다)를 생략할 수 있습니다. 숫자가 100단위 이상일 때, 10단위의 '十(십)'를 자주 생략해서 말합니다. (一米六十 → 一米六)

발음 [션까오 이 미 리우]

단어 써 보기

키 身高 shēngāo	身 身 身 身 身 身 身 高 高 高 高 高 高 高 高 高 高			
	身高			

미터 米 mǐ	米 米 米 米 米 米				
	米				

읽으면서 써 보기 (쓰고 √표시)

☐ 身高一米六。 Shēngāo yì mǐ liù.

☐

☐

☐

☐

응용해서 써 보기

1	2	3	4	5	6	7	8	9	10
一	二/两	三	四	五	六	七	八	九	十
yī	èr/liǎng	sān	sì	wǔ	liù	qī	bā	jiǔ	shí

① 키가 1미터 80이에요.

→

② 키가 1미터 75예요.

→

정답
① 身高一米八。 Shēngāo yì mǐ bā.
② 身高一米七五。 Shēngāo yì mǐ qīwǔ.

※ 배운 문장을 기억하여 중국어로 써 보세요. (정답 254p)

① 오늘은 월요일이에요. →

② 오늘은 화요일이에요. →

③ 오늘은 1월 1일이에요. →

④ 오늘은 3월 10일이에요. →

⑤ 지금은 12시예요. →

⑥ 지금은 3시예요. →

⑦ 지금은 2시 반이에요. →

⑧ 지금은 2시 10분이에요. →

⑨ 올해 서른 살이에요. →

⑩ 올해 서른아홉 살이에요. →

⑪ 키가 1미터 60이에요. →

⑫ 키가 1미터 80이에요. →

※ 어려운 문장 체크

CHAPTER 04

성질, 상태 말하기
- 형용사

사람이 아주 많아요.

人很多。

Rén hěn duō.

설명 「很+형용사」=「아주 ~하다」

人很多。 사람이 아주 많아요.

: 很은 '매우, 아주'라는 뜻으로, 형용사 앞에 정도를 나타내는 부사로 쓰입니다. 多는 '많다'라는 뜻이므로 很多는 '아주 많다'입니다. 반의어는 少(shǎo, 적다)입니다.

발음 [헌 헌 뚜오]

단어 써 보기

매우, 아주 **很** hěn	很 很 很 很 很 很 很 很 很
	很					

많다 **多** duō	多 多 多 多 多 多
	多					

☐ 人很多。 Rén hěn duō.

☐

☐

☐

☐

응용해서 써 보기　　　🎧 mp3 046

① 물건이 아주 많아요. (물건 = 东西 dōngxi)

　→

② 차가 아주 많아요. (차 = 车 chē)

　→

정답
① 东西很多。Dōngxi hěn duō.
② 车很多。Chē hěn duō.

손이 아주 커요.

手很大。

Shǒu hěn dà.

설명　「~很大」=「~이/가 아주 크다」

手很大。 손이 아주 커요.

: 大는 형용사로 크기가 '크다'라는 뜻뿐만 아니라 소리, 스트레스 등 추상적인 의미에도 쓰입니다. 반의어는 小(xiǎo, 작다)입니다.

발음　[쇼우 헌 따]

단어 써 보기

손 手 shǒu	手 手 手 手					
	手					

크다 大 dà	大 大 大					
	大					

□ 手很大。Shǒu hěn dà.

□

□

□

□

① 소리가 아주 커요. (소리 = 声音 shēngyīn)

　→

② 스트레스가 아주 많아요. (스트레스 = 压力 yālì)

　→

정답

① 声音很大。Shēngyīn hěn dà.
② 压力很大。Yālì hěn dà.

발음이 아주 좋아요.

发音很好。

Fāyīn hěn hǎo.

설명 「~很好」=「~이/가 아주 좋다」
发音很好。 발음이 아주 좋아요.
: 好는 형용사로 무엇이 '좋다, 훌륭하다'라는 뜻입니다. 반의어는 坏(huài, 나쁘다)인데,
나쁨의 정도가 강하기 때문에 보통 不好(bùhǎo, 좋지 않다)를 사용합니다.

발음 [파인 헌 하오]

단어 써 보기

발음 发音 fāyīn	发 发 发 发 发 音 音 音 音 音 音 音 音 音		
	发音		

좋다 好 hǎo	好 好 好 好 好 好				
	好				

(쓰고 √ 표시) 🎧 mp3 049

☐ 发音很好。 Fāyīn hěn hǎo.

☐

☐

☐

☐

응용해서 써 보기 🎧 mp3 050

① 맛이 아주 좋아요. (맛 = 味道 wèidao)

→

② 건강이 아주 좋아요. (몸, 건강 = 身体 shēntǐ)

→

정답
① 味道很好。 Wèidao hěn hǎo.
② 身体很好。 Shēntǐ hěn hǎo.

키가 아주 커요.

个子很高。

Gèzi hěn gāo.

설명 「~很高」=「~이/가 아주 높다」
个子很高。 키가 아주 커요.
: 高는 형용사로 '높이가 높다'라는 뜻뿐만 아니라 '수준이나 정도가 높다'라는 뜻으로도 사용합니다. 반의어는 低(dī, 높이가 낮다), 矮(ǎi, 키가 작다)입니다.

발음 [꺼즈 헌 까오]

단어 써 보기

키 个子 gèzi	个 个 个 子 子 子			
	个子			

높다 高 gāo	高 高 高 高 高 高 高 高 高 高				
	高				

읽으면서 써 보기 (쓰고 √ 표시)

☐ 个子很高。 Gèzi hěn gāo.

☐

☐

☐

☐

응용해서 써 보기   mp3 052

① 온도가 아주 높아요. (온도 = 温度 wēndù)

→

② 아이큐가 아주 높아요. (아이큐 = 智商 zhìshāng)

→

정답
① 温度很高。 Wēndù hěn gāo.
② 智商很高。 Zhìshāng hěn gāo.

중국어가 아주 어려워요.

汉语很难。

Hànyǔ hěn nán.

설명 「~很难」 = 「~이/가 아주 어렵다」

汉语很难。 중국어가 아주 어려워요.

: 难은 형용사로 무엇이 '어렵다'라는 뜻입니다. 반의어는 不难(bù nán, 어렵지 않다),

容易(róngyì, 쉽다)입니다.

발음 [한위 헌 난]

단어 써 보기

중국어 汉语 Hànyǔ	汉 汉 汉 汉 汉
	语 语 语 语 语 语 语 语 语
	汉语

어렵다 难 nán	难 难 难 难 难 难 难 难 难 难
	难

읽으면서 써 보기 (쓰고 √ 표시) 🎧 mp3 053

☐ 汉语很难。 Hànyǔ hěn nán.

☐

☐

☐

☐

응용해서 써 보기 🎧 mp3 054

① 시험이 아주 어려워요. (시험 = 考试 kǎoshì)

→

② 한국어가 아주 어려워요. (한국어 = 韩语 Hányǔ)

→

정답
① 考试很难。 Kǎoshì hěn nán.
② 韩语很难。 Hányǔ hěn nán.

옷이 아주 비싸요.

衣服很贵。

Yīfu hěn guì.

설명 「~ 很贵」=「~이/가 아주 비싸다」

衣服很贵。옷이 아주 비싸요.

: 贵는 형용사로 가격이 '비싸다'라는 뜻입니다. 반의어는 便宜(piányi, 싸다)입니다.

발음 [이푸 헌 꾸이]

┌─────────────┐
│ **단어 써 보기** │
└─────────────┘

옷 衣服 yīfu	衣 衣 衣 衣 衣 衣 服 服 服 服 服 服 服 服
	衣服

비싸다 贵 guì	贵 贵 贵 贵 贵 贵 贵 贵 贵
	贵

☐ 衣服很贵。Yīfu hěn guì.

☐

☐

☐

☐

① 집이 아주 비싸요. (집 = 房子 fángzi)

→

② 물가가 아주 비싸요. (물가 = 物价 wùjià)

→

정답
① 房子很贵。Fángzi hěn guì.
② 物价很贵。Wùjià hěn guì.

날씨가 아주 더워요.

天气很热。

Tiānqì hěn rè.

「~很热」=「~이/가 아주 덥다」

天气很热。 날씨가 아주 더워요.

: 热는 형용사로 무엇이 '덥다, 뜨겁다'라는 뜻입니다. 반의어는 冷(lěng, 차다, 춥다)입니다.

발음 [티엔치 헌 러]

단어 써 보기

날씨 天气 tiānqì	天 天 天 天 气 气 气 气
	天气			

덥다 热 rè	热 热 热 热 热 热 热 热 热 热
	热				

☐ 天气很热。 Tiānqì hěn rè.

☐

☐

☐

☐

① 밖이 아주 더워요. (밖 = 外面 wàimiàn)

→

② 여름이 아주 더워요. (여름 = 夏天 xiàtiān)

→

정답
① 外面很热。 Wàimiàn hěn rè.
② 夏天很热。 Xiàtiān hěn rè.

음식이 아주 맛있어요.

菜很好吃。

Cài hěn hǎochī.

설명 「~很好吃」=「~이/가 아주 맛있다」

菜很好吃。음식이 아주 맛있어요.

: 好吃는 형용사로 무엇이 '맛있다'라는 뜻입니다. 반의어는 不好吃(bùhǎochī, 맛이 없다)입니다.

발음 [차이 헌 하오츠]

단어 써 보기

음식
菜
cài

菜 菜 菜 菜 菜 菜 菜 菜 菜 菜 菜

菜					

맛있다
好吃
hǎochī

好 好 好 好 好 好
吃 吃 吃 吃 吃 吃

好吃			

☐ 菜很好吃。 Cài hěn hǎochī.

☐

☐

☐

☐

① 사과가 아주 맛있어요. (사과 = 苹果 píngguǒ)

　→

② 케이크가 아주 맛있어요. (케이크 = 蛋糕 dàngāo)

　→

정답
① 苹果很好吃。 Píngguǒ hěn hǎochī.
② 蛋糕很好吃。 Dàngāo hěn hǎochī.

비행기가 아주 빨라요.

飞机很快。

Fēijī hěn kuài.

설명 「~很快」=「~이/가 아주 빠르다」

飞机很快。 비행기가 아주 빨라요.

: 快는 형용사로 '속도가 빠르다'라는 뜻입니다. 반의어는 慢(màn, 느리다)입니다.

발음 [페이지 헌 콰이]

단어 써 보기

비행기 飞机 fēijī	飞 飞 飞 机 机 机 机 机 机
	飞机			

빠르다 快 kuài	快 快 快 快 快 快 快
	快				

☐ 飞机很快。 Fēijī hěn kuài.

☐

☐

☐

☐

응용해서 써 보기   🎧 mp3 062

① 기차가 아주 빨라요. (기차 = 火车 huǒchē)

→

② 속도가 아주 빨라요. (속도 = 速度 sùdù)

→

정답

① 火车很快。 Huǒchē hěn kuài.

② 速度很快。 Sùdù hěn kuài.

일이 아주 바빠요.

工作很忙。

Gōngzuò hěn máng.

설명 「~很忙」=「~이/가 아주 바쁘다」

工作很忙。일이 아주 바빠요.

: 忙은 형용사로 무엇이 '바쁘다'라는 뜻입니다. 반의어는 不忙(bùmáng, 바쁘지 않다)
입니다.

발음 [꽁쭈오 헌 망]

단어 써 보기

일 工作 gōngzuò	工 工 工 作 作 作 作 作 作 作			
	工作			

바쁘다 忙 máng	忙 忙 忙 忙 忙 忙				
	忙				

(쓰고 √ 표시) 🎧 mp3 063

☐ 工作很忙。 Gōngzuò hěn máng.

☐

☐

☐

☐

응용해서 써 보기 🎧 mp3 064

① 그는 아주 바빠요. (그 = 他 tā)

→

② 오늘 아주 바빠요. (오늘 = 今天 jīntiān)

→

정답
① 他很忙。 Tā hěn máng.
② 今天很忙。 Jīntiān hěn máng.

아이가 아주 귀여워요.

孩子很可爱。

Háizi hěn kě'ài.

설명 「~很可爱」=「~이/가 아주 귀엽다」

孩子很可爱。 아이가 아주 귀여워요.

: 可爱는 형용사로 무엇이 '귀엽다, 사랑스럽다'라는 뜻입니다.

발음 [하이즈 헌 커아이]

단어 써 보기

아이 孩子 háizi	孩 孩 孩 孩 孩 孩 孩 孩 孩 子 子 子			
	孩子			

귀엽다 可爱 kě'ài	可 可 可 可 可 爱 爱 爱 爱 爱 爱 爱 爱 爱 爱			
	可爱			

☐ 孩子很可爱。Háizi hěn kě'ài.

☐

☐

☐

☐

① 그녀가 아주 사랑스러워요. (그녀 = 她 tā)

→

② 아기가 아주 귀여워요. (아기 = 宝宝 bǎobao)

→

정답
① 她很可爱。Tā hěn kě'ài.
② 宝宝很可爱。Bǎobao hěn kě'ài.

방이 아주 깨끗해요.

房间很干净。

Fángjiān hěn gānjìng.

설명 「~很干净」=「~이/가 아주 깨끗하다」

房间很干净。 방이 아주 깨끗해요.

: 干净은 형용사로 무엇이 '깨끗하다'라는 뜻입니다. 반의어는 脏(zāng, 더럽다)입니다.

발음 [팡지엔 헌 깐찡]

단어 써 보기

방 房间 fángjiān	房 房 房 房 房 房 房 房 间 间 间 间 间 间 间			
	房间			

깨끗하다 干净 gānjìng	干 干 干 净 净 净 净 净 净 净 净			
	干净			

☐ 房间很干净。 Fángjiān hěn gānjìng.

☐

☐

☐

☐

응용해서 써 보기 🎧 mp3 068

① 화장실이 아주 깨끗해요. (화장실 = 洗手间 xǐshǒujiān)

→

② 옷이 아주 깨끗해요. (옷 = 衣服 yīfu)

→

정답
① 洗手间很干净。 Xǐshǒujiān hěn gānjìng.
② 衣服很干净。 Yīfu hěn gānjìng.

※ 배운 문장을 기억하여 중국어로 써 보세요. (정답 254p)

① 사람이 아주 많아요. →

② 손이 아주 커요. →

③ 발음이 아주 좋아요. →

④ 키가 아주 커요. →

⑤ 중국어가 아주 어려워요. →

⑥ 옷이 아주 비싸요. →

⑦ 날씨가 아주 더워요. →

⑧ 음식이 아주 맛있어요. →

⑨ 비행기가 아주 빨라요. →

⑩ 일이 아주 바빠요. →

⑪ 아이가 아주 귀여워요. →

⑫ 방이 아주 깨끗해요. →

※ 어려운 문장 체크

CHAPTER 05

동작, 행동 말하기
- 동사

저는 밥을 먹어요.

我 吃 饭。

Wǒ chī fàn.

설명 「吃~」=「~을/를 먹다」

我吃饭。 저는 밥을 먹어요.

: 목적어는 동사 뒤에 사용합니다. 吃는 동사로 무엇을 '먹다'라는 뜻이고, 부정형은 不吃
(bù chī, 먹지 않다)입니다.

발음 [워 츠 판]

단어 써 보기

먹다 **吃** chī	吃 吃 吃 吃 吃 吃					
	吃					

밥 **饭** fàn	饭 饭 饭 饭 饭 饭 饭					
	饭					

(쓰고 √ 표시)　　　　　🎧 mp3 069

☐ 我吃饭。Wǒ chī fàn.

☐

☐

☐

☐

읽으면서 써 보기 응용해서 써 보기　　　　　🎧 mp3 070

① 저는 과일을 먹어요. (과일 = 水果 shuǐguǒ)

　→

② 저는 국수를 먹어요. (국수 = 面条 miàntiáo)

　→

정답
① 我吃水果。Wǒ chī shuǐguǒ.
② 我吃面条。Wǒ chī miàntiáo.

저는 영어를 배워요.

我学英语。

Wǒ xué Yīngyǔ.

설명 「学~」=「~을/를 배우다」

我学英语。 저는 영어를 배워요.

: 学는 동사로 무엇을 '배우다'라는 뜻입니다. 부정형은 不学(bù xué, 배우지 않다)입
니다.

발음 [워 쉬에 잉위]

단어 써 보기

배우다 **学** xué	学 学 学 学 学 学 学 学					
	学					

영어 **英语** Yīngyǔ	英 英 英 英 英 英 英 英 语 语 语 语 语 语 语 语 语			
	英语			

(쓰고 √ 표시) 🎧 mp3 071

☐ 我学英语。Wǒ xué Yīngyǔ.

☐

☐

☐

☐

🎧 mp3 072

① 저는 중국어를 배워요. (중국어 = 汉语 Hànyǔ)

→

② 저는 한국어를 배워요. (한국어 = 韩语 Hányǔ)

→

정답
① 我学汉语。Wǒ xué Hànyǔ.
② 我学韩语。Wǒ xué Hányǔ.

저는 TV를 봐요.

我 看 电 视。

Wǒ kàn diànshì.

설명   「看~」=「~을/를 보다」

我 看 电视。 저는 TV를 봐요.

: 看은 동사로 무엇을 '보다'라는 뜻입니다. 부정형은 不看(bú kàn, 보지 않다)입니다.

발음   [워 칸 띠엔스]

┌──────────────┐
│ 단어 써 보기 │
└──────────────┘

보다 **看** kàn	看 看 看 看 看 看 看 看 看
	看

TV **电视** diànshì	电 电 电 电 电 视 视 视 视 视 视 视 视
	电视

☐ 我看电视。 Wǒ kàn diànshì.

☐

☐

☐

☐

① 저는 영화를 봐요. (영화 = 电影 diànyǐng)

→

② 저는 드라마를 봐요. (드라마 = 电视剧 diànshìjù)

→

정답
① 我看电影。 Wǒ kàn diànyǐng.
② 我看电视剧。 Wǒ kàn diànshìjù.

저는 음악을 들어요.

我听音乐。

Wǒ tīng yīnyuè.

설명 「听~」=「~을/를 듣다」

我听音乐。 저는 음악을 들어요.

: 听은 동사로 무엇을 '듣다'라는 뜻입니다. 부정형은 不听(bù tīng, 듣지 않다)입니다.

발음 [워 팅 인위에]

단어 써 보기

듣다 听 tīng	听 听 听 听 听 听 听
	听

음악 音乐 yīnyuè	音 音 音 音 音 音 音 音 音 乐 乐 乐 乐 乐
	音乐

☐ 我听音乐。 Wǒ tīng yīnyuè.

☐

☐

☐

☐

응용해서 써 보기 🎧 mp3 076

① 저는 라디오를 들어요. (라디오 = 广播 guǎngbō)

→

② 저는 강연을 들어요. (강연 = 讲座 jiǎngzuò)

→

정답
① 我听广播。 Wǒ tīng guǎngbō.
② 我听讲座。 Wǒ tīng jiǎngzuò.

저는 물을 마셔요.

我 喝 水。

Wǒ hē shuǐ.

설명　「喝~」 = 「~을/를 마시다」

我 喝 水。저는 물을 마셔요.

: 喝는 동사로 무엇을 '마시다'라는 뜻입니다. 부정형은 不喝(bù hē, 마시지 않다)입니다.

발음　[워 허 쉐이]

단어 써 보기

마시다 喝 hē	喝 喝 喝 喝 喝 喝 喝 喝 喝 喝 喝 喝
	喝

물 水 shuǐ	水 水 水 水
	水

☐ 我喝水。 Wǒ hē shuǐ.

☐ _____

☐ _____

☐ _____

☐ _____

응용해서 써 보기   🎧 mp3 078

① 저는 차를 마셔요. (차 = 茶 chá)

　→ _____

② 저는 콜라를 마셔요. (콜라 = 可乐 kělè)

　→ _____

정답
① 我喝茶。 Wǒ hē chá.
② 我喝可乐。 Wǒ hē kělè.

저는 밥을 해요.

我做饭。

Wǒ zuò fàn.

설명 「做~」= 「~을/를 하다」

我做饭. 저는 밥을 해요(=요리해요).

: 做는 동사로 무엇을 '하다, 만들다'라는 뜻입니다. 부정형은 不做(bú zuò, 하지 않다)
입니다.

발음 [워 쭈오 판]

단어 써 보기

하다, 만들다 **做** zuò	做 做 做 做 做 做 做 做 做 做 做					
	做					

밥 **饭** fàn	饭 饭 饭 饭 饭 饭 饭					
	饭					

읽으면서 써 보기 (쓰고 √ 표시) 🎧 mp3 079

☐ 我做饭。 Wǒ zuò fàn.

☐

☐

☐

☐

응용해서 써 보기 🎧 mp3 080

① 저는 숙제를 해요. (숙제 = 作业 zuòyè)

→

② 저는 꿈을 꿔요. (꿈 = 梦 mèng)

→

┌─────────────────────────────────┐
│ 정답   │
│ ① 我做作业。 Wǒ zuò zuòyè.   │
│ ② 我做梦。 Wǒ zuò mèng.   │
└─────────────────────────────────┘

저는 편지를 써요.

我写信。

Wǒ xiě xìn.

설명 「写~」=「~을/를 쓰다」

我写信。 저는 편지를 써요.

: 写는 동사로 무엇을 '쓰다'라는 뜻입니다. 부정형은 不写(bù xiě, 쓰지 않다)입니다.

발음 [워 시에 씬]

단어 써 보기

쓰다 写 xiě	写 写 写 写 写					
	写					

편지 信 xìn	信 信 信 信 信 信 信 信 信					
	信					

☐ 我写信。Wǒ xiě xìn.

☐

☐

☐

☐

응용해서 써 보기   🎧 mp3 082

① 저는 보고서를 써요. (보고서 = 报告 bàogào)

→

② 저는 이력서를 써요. (이력서 = 简历 jiǎnlì)

→

정답
① 我写报告。Wǒ xiě bàogào.
② 我写简历。Wǒ xiě jiǎnlì.

저는 집에 가요.

我回家。

Wǒ huí jiā.

설명 「回~」= 「~에 돌아가다」

我回家。 저는 집에 가요.

: 回는 동사로 어디에 '되돌아가다'라는 뜻입니다. 부정형은 不回(bù huí, 돌아가지 않다)입니다.

발음 [워 후이 찌아]

단어 써 보기

되돌아가다	回	回	回	回	回	回
回 huí	回					

집	家	家	家	家	家	家	家	家	家	家
家 jiā	家					

☐ 我回家。Wǒ huí jiā.

☐

☐

☐

☐

응용해서 써 보기　　　　🎧 mp3 084

① 저는 회사에 돌아가요. (회사 = 公司 gōngsī)

　→

② 저는 한국에 돌아가요. (한국 = 韩国 Hánguó)

　→

저는 선물을 사요.

我买礼物。

Wǒ mǎi lǐwù.

설명 「买~」 = 「~을/를 사다」

我 买 礼物。 저는 선물을 사요.

: 买는 동사로 무엇을 '사다'라는 뜻입니다. 부정형은 不买(bù mǎi, 사지 않다)입니다.

발음 [워 마이 리우]

단어 써 보기

사다 买 mǎi	买 买 买 买 买 买					
	买					

선물 礼物 lǐwù	礼 礼 礼 礼 礼 物 物 物 物 物 物 物 物			
	礼物			

☐ 我买礼物。Wǒ mǎi lǐwù.

☐ _____

☐ _____

☐ _____

☐ _____

응용해서 써 보기 🎧mp3 086

① 저는 비행기표를 사요. (비행기표 = 飞机票 fēijīpiào)

→ _____

② 저는 음료수를 사요. (음료수 = 饮料 yǐnliào)

→ _____

정답
① 我买飞机票。Wǒ mǎi fēijīpiào.
② 我买饮料。Wǒ mǎi yǐnliào.

저는 과일을 팔아요.

我卖水果。

Wǒ mài shuǐguǒ.

설명 「卖~」=「~을/를 팔다」

我卖水果。 저는 과일을 팔아요.

: 卖는 동사로 무엇을 '팔다'라는 뜻입니다. 부정형은 不卖(bú mài, 팔지 않다)입니다.

발음 [워 마이 쉐이궈]

단어 써 보기

팔다 **卖** mài	卖 卖 卖 卖 卖 卖 卖 卖
	卖					

과일 **水果** shuǐguǒ	水 水 水 水 果 果 果 果 果 果 果 果
	水果			

□ 我卖水果。Wǒ mài shuǐguǒ.

□

□

□

□

응용해서 써 보기 🎧 mp3 088

① 저는 케이크를 팔아요. (케이크 = 蛋糕 dàngāo)

　→

② 저는 화장품을 팔아요. (화장품 = 化妆品 huàzhuāngpǐn)

　→

정답
① 我卖蛋糕。Wǒ mài dàngāo.
② 我卖化妆品。Wǒ mài huàzhuāngpǐn.

저는 옷을 입어요.

我穿衣服。

Wǒ chuān yīfu.

설명   「穿~」=「~을/를 입다」

我穿衣服。저는 옷을 입어요.

: 穿은 동사로 무엇을 '입다'라는 뜻입니다. 부정형은 不穿(bù chuān, 입지 않다)입니다.

발음   [워 추안 이푸]

단어 써 보기

입다 穿 chuān	穿 穿 穿 穿 穿 穿 穿 穿 穿				
	穿				

옷 衣服 yīfu	衣 衣 衣 衣 衣 衣 服 服 服 服 服 服 服 服		
	衣服		

☐ 我穿衣服。 Wǒ chuān yīfu.

☐

☐

☐

☐

응용해서 써 보기　　　　　　mp3 090

① 저는 신발을 신어요. (신발 = 鞋子 xiézi)

→

② 저는 청바지를 입어요. (청바지 = 牛仔裤 niúzǎikù)

→

정답
① 我穿鞋子。 Wǒ chuān xiézi.
② 我穿牛仔裤。 Wǒ chuān niúzǎikù.

저는 가족을 사랑해요.

我 爱 家 人。

Wǒ ài jiārén.

「爱~」=「~을/를 사랑하다」

我 爱 家人。 저는 가족을 사랑해요.

: 爱는 동사로 무엇을 '사랑하다'라는 뜻입니다. 감정을 나타내기 때문에 앞에 정도를 나타내는 부사(很, 아주/매우)를 사용할 수 있습니다.

我 很 爱 家人。 저는 가족을 아주 사랑해요.

발음 [워 아이 찌아런]

단어 써 보기

사랑하다	爱 爱 爱 爱 爱 爱 爱 爱 爱 爱					
爱 ài	爱					

가족	家 家 家 家 家 家 家 家 家 家 人 人		
家人 jiārén	家人		

☐ 我爱家人。 Wǒ ài jiārén.

☐

☐

☐

☐

응용해서 써 보기　　　　　🎧 mp3 092

① 저는 당신을 사랑해요. (너 = 你 nǐ)

　→

② 저는 그녀를 사랑해요. (그녀 = 她 tā)

　→

정답
① 我爱你。 Wǒ ài nǐ.
② 我爱她。 Wǒ ài tā.

※ 배운 문장을 기억하여 중국어로 써 보세요. (정답 254p)

① 저는 밥을 먹어요. →
_____

② 저는 영어를 배워요. →
_____

③ 저는 TV를 봐요. →
_____

④ 저는 음악을 들어요. →
_____

⑤ 저는 물을 마셔요. →
_____

⑥ 저는 밥을 해요. →
_____

⑦ 저는 편지를 써요. →
_____

⑧ 저는 집에 가요. →
_____

⑨ 저는 선물을 사요. →
_____

⑩ 저는 과일을 팔아요. →
_____

⑪ 저는 옷을 입어요. →
_____

⑫ 저는 가족을 사랑해요. →
_____

※ 어려운 문장 체크

CHAPTER 06

존재, 장소 말하기
- 在(있다, ~에서)

저는 집에 있어요.

我在家。

Wǒ zài jiā.

설명 「在~」=「~에 있다」

我在家。저는 집에 있어요.

: 동사 在는 무엇이 '어디에 있다(존재한다)'라는 뜻으로, 뒤에 장소를 나타내는 단어를
사용하여 「在+장소」의 형식으로 사용합니다.

발음 [워 짜이 찌아]

단어 써 보기

① 있다(존재)

在
zài

在 在 在 在 在 在

在					

집

家
jiā

家 家 家 家 家 家 家 家 家 家

家					

☐ 我在家。Wǒ zài jiā.

☐

☐

☐

☐

응용해서 써 보기 🎧 mp3 094

① 저는 중국에 있어요. (중국 = 中国 Zhōngguó)

→

② 저는 밖에 있어요. (밖 = 外面 wàimiàn)

→

정답
① 我在中国。Wǒ zài Zhōngguó.
② 我在外面。Wǒ zài wàimiàn.

아버지는 집에 안 계세요.

爸爸不在家。

Bàba bú zài jiā.

설명 「不在~」 = 「~에 없다」

爸爸不在家。아버지는 집에 안 계세요.

: 동사 在의 부정형은 不在(없다)입니다. 무엇이 '어디에 없다(존재하지 않다)'라고 할 때 「不在+장소」의 형식을 사용합니다.

발음 [빠바 부짜이 찌아]

단어 써 보기

아버지 爸爸 bàba	爸 爸 爸 爸 爸 爸 爸 爸			
	爸爸			

없다(존재) 不在 bú zài	不 不 不 不 在 在 在 在 在 在			
	不在			

☐ 爸爸不在家。Bàba bú zài jiā.

☐

☐

☐

☐

① 그는 여기에 없어요. (여기 = 这里 zhèlǐ)

→

② 선생님이 사무실에 안 계세요. (사무실 = 办公室 bàngōngshì)

→

정답

① 他不在这里。Tā bú zài zhèlǐ.

② 老师不在办公室。Lǎoshī bú zài bàngōngshì.

어머니는 방 안에 계세요.

妈妈在房间里。

Māma zài fángjiān li.

설명 「~里」=「~안」

房间里 방 안

: 里(안)는 방향을 나타내어 장소 단어(안과 밖의 구별이 있는) 뒤에 사용합니다. 동사 在와 함께 사용하여 「在+장소+里(~안에 있다)」의 형식을 이룹니다.

발음 [마마 짜이 팡지엔 리]

단어 써 보기

방 房间 fángjiān	房 房 房 房 房 房 房 房 间 间 间 间 间 间 间			
	房间			

안 里 li	里 里 里 里 里 里 里				
	里				

(쓰고 √표시)　　　🎧 mp3 097

☐ 妈妈在房间里。 Māma zài fángjiān li.

☐

☐

☐

☐

응용해서 써 보기　　　🎧 mp3 098

① 어머니는 부엌 안에 계세요. (부엌 = 厨房 chúfáng)

　→

② 옷이 옷장 안에 있어요. (옷장 = 衣柜 yīguì)

　→

정답
① 妈妈在厨房里。 Māma zài chúfáng li.
② 衣服在衣柜里。 Yīfu zài yīguì li.

과일이 탁자 위에 있어요.

水果在桌子上。

Shuǐguǒ zài zhuōzi shang.

설명 「~上」=「~위」

桌子上 탁자 위

: 上(위)은 방향을 가리키는 명사로 장소 단어(표면이 있는) 뒤에 사용합니다. 동사 在와
함께 사용하여 「在+장소+上(~위에 있다)」의 형식을 이룹니다.

발음 [쉐이궈 짜이 쭈오즈 상]

┌─────────────────┐
│ **단어 써 보기** │
└─────────────────┘

탁자

桌子
zhuōzi

桌 桌 桌 桌 桌 桌 桌 桌 桌 桌
子 子 子

桌子			

위

上
shang

上 上 上

上					

☐ 水果在桌子上。 Shuǐguǒ zài zhuōzi shang.

☐

☐

☐

☐

응용해서 써 보기 ∩ mp3 100

① 케이크가 탁자 위에 있어요. (케이크 = 蛋糕 dàngāo)

→

② 옷이 의자 위에 있어요. (의자 = 椅子 yǐzi)

→

정답
① 蛋糕在桌子上。 Dàngāo zài zhuōzi shang.
② 衣服在椅子上。 Yīfu zài yǐzi shang.

저는 집에서 숙제를 해요.

我在家做作业。

Wǒ zài jiā zuò zuòyè.

설명 「在~」=「~에서」

在家 집에서

: 개사 在는 '~에서'라는 뜻으로 장소 단어와 함께 동사 앞에 사용하여 「在+장소+동사(~에서 무엇을 하다)」의 형식을 이룹니다.

발음 [워 짜이 찌아 쭈오 쭈오이에]

단어 써 보기

② ~에서

在
zài

在 在 在 在 在 在

在

숙제

作业
zuòyè

作 作 作 作 作 作 作
业 业 业 业 业

作业

132

읽으면서 써 보기 (쓰고 √ 표시)　　　　　　　🎧 mp3 101

☐ 我在家做作业。 Wǒ zài jiā zuò zuòyè.

☐

☐

☐

☐

응용해서 써 보기　　　　　　　　　　　🎧 mp3 102

① 저는 집에서 밥을 먹어요. (밥을 먹다 = 吃饭 chī fàn)

　→

② 저는 사무실에서 일해요. (일하다 = 工作 gōngzuò)

　→

정답

① 我在家吃饭。 Wǒ zài jiā chī fàn.
② 我在办公室工作。 Wǒ zài bàngōngshì gōngzuò.

여동생이 방 (안)에서 전화해요.

妹妹在房间里打电话。

Mèimei zài fángjiān li dǎ diànhuà.

설명 「在~里」=「~안에서」

在房间里 방 (안)에서

: 개사 在(에서)는 里(안)와 함께 사용하여 '~안에서'라는 뜻으로 사용합니다. 동사 앞에 사용하며 「在장소里+동사(~안에서 무엇을 하다)」의 형식을 이룹니다.

발음 [메이메이 짜이 팡지엔 리 다 띠엔화]

단어 써 보기

걸다 打 dǎ	打 打 打 打 打
	打

전화 电话 diànhuà	电 电 电 电 电 话 话 话 话 话 话 话 话
	电话

☐ 妹妹在房间里打电话。Mèimei zài fángjiān li dǎ diànhuà.

☐

☐

☐

☐

① 여동생이 방 안에서 잠을 자요. (잠을 자다 = 睡觉 shuìjiào)

→

② 누나가 방 안에서 TV를 봐요. (TV를 보다 = 看电视 kàn diànshì)

→

정답
① 妹妹在房间里睡觉。Mèimei zài fángjiān li shuìjiào.
② 姐姐在房间里看电视。Jiějie zài fángjiān li kàn diànshì.

저는 지하철 (위)에서 책을 봐요.

我在地铁上看书。

Wǒ zài dìtiě shang kàn shū.

설명 「在~上」=「~ 위에서」

在地铁上 지하철 (위)에서

: 개사 在(에서)는 上(위)과 함께 사용하여 '~위에서'라는 뜻으로 사용합니다. 동사 앞에 사용하여 「在장소上+동사(~위에서 무엇을 하다)」의 형식을 이룹니다.

발음 [워 짜이 띠티에 상 칸수]

단어 써 보기

지하철 地铁 dìtiě	地 地 地 地 地 地
	铁 铁 铁 铁 铁 铁 铁 铁 铁 铁
	地铁			

책을 보다 看书 kàn shū	看 看 看 看 看 看 看 看 看
	书 书 书 书
	看书			

☐ 我 在 地 铁 上 看 书 。 Wǒ zài dìtiě shang kàn shū.

☐

☐

☐

☐

① 저는 지하철에서 음악을 들어요. (음악을 듣다 = 听音乐 tīng yīnyuè)

  →

② 저는 버스에서 신문을 봐요. (버스 = 公交车 gōngjiāochē, 신문 = 报纸 bàozhǐ)

  ›

정답

① 我在地铁上听音乐。 Wǒ zài dìtiě shang tīng yīnyuè.
② 我在公交车上看报纸。 Wǒ zài gōngjiāochē shang kàn bàozhǐ.

※ 배운 문장을 기억하여 중국어로 써 보세요. (정답 254p)

① 저는 집에 있어요. →

② 저는 밖에 있어요. →

③ 아버지는 집에 안 계세요. →

④ 선생님이 사무실에 안 계세요. →

⑤ 어머니는 방 안에 계세요. →

⑥ 옷이 옷장 안에 있어요. →

⑦ 과일이 탁자 위에 있어요. →

⑧ 저는 집에서 숙제를 해요. →

⑨ 저는 사무실에서 일해요. →

⑩ 여동생이 방에서 전화해요. →

⑪ 저는 지하철에서 책을 봐요. →

⑫ 저는 버스에서 신문을 봐요. →

※ 어려운 문장 체크

CHAPTER 07

소유, 존재 말하기
- 有(있다)

저는 핸드폰이 있어요.

我有手机。

Wǒ yǒu shǒujī.

설명 「有~」= 「~이/가 있다」

我有手机。 저는 핸드폰이 있어요.

: 동사 有는 무엇을 '소유하다'라는 뜻입니다. 목적어로 구체적인 사물, 사람, 추상 명사를 사용할 수 있습니다.

발음 [워 요우 쇼우지]

단어 써 보기

있다(소유) **有** yǒu	有 有 有 有 有 有
	有					

핸드폰 **手机** shǒujī	手 手 手 手 机 机 机 机 机 机
	手机			

(쓰고 √ 표시) 🎧 mp3 107

☐ 我有手机。 Wǒ yǒu shǒujī.

☐

☐

☐

☐

응용해서 써 보기 🎧 mp3 108

① 저는 차가 있어요. (차 = 汽车 qìchē)

→

② 저는 컴퓨터가 있어요. (컴퓨터 = 电脑 diànnǎo)

→

정답
① 我有汽车。 Wǒ yǒu qìchē.
② 我有电脑。 Wǒ yǒu diànnǎo.

저는 친구가 많이 있어요.

我有很多朋友。

Wǒ yǒu hěn duō péngyou.

설명 「有很多~」=「~이/가 많이 있다」

我有很多朋友。 저는 친구가 많이 있어요.

: 很多(아주 많다)는 보통 셀 수 있는 명사를 수식합니다. 很多가 朋友(친구)를 수식해서 很多朋友는 '많은 친구'라는 뜻입니다. 이 문장은 '많은 친구가 있다(= 친구가 많이 있다)'란 뜻이 됩니다.

발음 [워 요우 헌 뚜오 펑요]

단어 써 보기

친구 朋友 péngyou	朋 朋 朋 朋 朋 朋 朋 朋 友 友 友 友			
	朋友			

☐　我有很多朋友。Wǒ yǒu hěn duō péngyou.

☐

☐

☐

☐

① 저는 책이 많이 있어요. (책 = 书 shū)

　→

② 저는 질문이 많이 있어요. (질문, 문제 = 问题 wèntí)

　→

정답

① 我有很多书。Wǒ yǒu hěn duō shū.
② 我有很多问题。Wǒ yǒu hěn duō wèntí.

그녀는 아주 능력이 있어요.

她很有能力。

Tā hěn yǒu nénglì.

설명 「很有~」=「아주 ~이/가 있다 (=~이/가 많다)」

她很有能力。 그녀는 아주 능력이 있어요.

: 很(아주)은 보통 형용사 앞에 사용하지만 일부 동사 앞에서 '아주 ~하다'라는 뜻으로 사용되기도 합니다. 很有 뒤에는 추상 명사를 사용합니다.

발음 [타 헌 요우 넝리]

단어 써 보기

아주 ~이/가 있다 很有 hěn yǒu	很 很 很 很 很 很 很 很 很 有 有 有 有 有 有			
	很有			

능력 能力 nénglì	能 能 能 能 能 能 能 能 能 能 力 力			
	能力			

☐ 她很有能力。 Tā hěn yǒu nénglì.

☐

☐

☐

☐

응용해서 써 보기 🎧 mp3 112

① 그는 아주 매력이 있어요. (매력 = 魅力 mèilì)

→

② 그는 돈이 아주 많아요. (돈 = 钱 qián)

→

정답
① 他很有魅力。Tā hěn yǒu mèilì.
② 他很有钱。Tā hěn yǒu qián.

저는 시간이 없어요.

我没有时间。

Wǒ méiyǒu shíjiān.

설명 「没有~」 = 「~이/가 없다」

我没有时间。 저는 시간이 없어요.

: 동사 有(있다)의 부정형은 没有(없다)입니다. 뒤에 목적어로 구체적인 사물, 사람, 추상
명사를 사용할 수 있습니다.

발음 [워 메이요우 스찌엔]

단어 써 보기

없다(소유) 没有 méiyǒu	没 没 没 没 没 没 没 有 有 有 有 有 有			
	没有			

시간 时间 shíjiān	时 时 时 时 时 时 时 间 间 间 间 间 间 间			
	时间			

☐ 我没有时间。Wǒ méiyǒu shíjiān.

☐

☐

☐

☐

응용해서 써 보기 🎧 mp3 114

① 저는 수업이 없어요. (수업 = 课 kè)

→

② 저는 잔돈이 없어요. (잔돈 = 零钱 língqián)

→

정답
① 我没有课。Wǒ méiyǒu kè.
② 我没有零钱。Wǒ méiyǒu língqián.

집 (안)에 일이 있어요.

家里有事。

Jiā li yǒu shì.

설명 「~里有~」=「~안에 ~이 있다」
家里有事。 집 (안)에 일이 있어요.
: 동사 有(있다)의 주어가 장소일 때 소유의 의미가 아니라 존재의 의미를 나타냅니다. 이
때 장소 단어 뒤에 방향을 나타내는 단어(里, 안)를 함께 사용합니다.

발음 [찌아 리 요우 스]

단어 써 보기

집안 家里 jiā li	家 家 家 家 家 家 家 家 家 家 里 里 里 里 里 里 里			
	家里			

일 事 shì	事 事 事 事 事 事 事 事				
	事				

(쓰고 √ 표시)   mp3 115

☐ 家里有事。 Jiā li yǒu shì.

☐

☐

☐

☐

응용해서 써 보기   mp3 116

① 집에 사람이 있어요. (사람 = 人 rén)

→

② 집에 에어컨이 있어요. (에어컨 = 空调 kōngtiáo)

→

정답

① 家里有人。 Jiā li yǒu rén.

② 家里有空调。 Jiā li yǒu kōngtiáo.

지갑 (안)에 카드가 없어요.

钱包里没有卡。

Qiánbāo li méiyǒu kǎ.

설명 「~里没有~」 = 「~안에 ~이/가 없어요」

钱包里没卡。 지갑 (안)에 카드가 없어요.

: 주어가 장소이므로 이 문장에서도 有는 소유의 의미가 아니라 존재의 의미를 나타냅니다. 钱包(지갑) 뒤에 방향을 나타내는 단어(里, 안)를 함께 사용합니다.

발음 [치엔빠오 리 메이요우 카]

단어 써 보기

지갑 **钱包** qiánbāo	钱 钱 钱 钱 钱 钱 钱 钱 钱 钱 包 包 包 包 包			
	钱包			

카드 **卡** kǎ	卡 卡 卡 卡 卡				
	卡				

☐ 钱包里没有卡。 Qiánbāo li méiyǒu kǎ.

☐

☐

☐

☐

① 지갑에 돈이 없어요. (돈 = 钱 qián)

→

② 방에 에어컨이 없어요. (에어컨 = 空调 kōngtiáo)

→

정답
① 钱包里没有钱。 Qiánbāo li méiyǒu qián.
② 房间里没有空调。 Fángjiān li méiyǒu kōngtiáo.

탁자에 빵 한 개가 있어요.

桌上有一个面包。

Zhuō shang yǒu yí gè miànbāo.

설명 「~上有~」 = 「~위에 ~이/가 있다」

桌上有一个面包。 탁자 (위)에 빵 한 개가 있어요.

: 주어가 장소이므로 이 문장에서도 有는 소유의 의미가 아니라 존재의 의미를 나타냅니다. 이 때 장소 단어 뒤에 방향을 나타내는 단어(上, 위)를 함께 사용합니다. 수사 一(하나)와 양사 个(개)는 '한 개'라는 뜻입니다.

발음 [쭈오 상 요우 미엔빠오]

단어 써 보기

탁자 위	桌 桌 桌 桌 桌 桌 桌 桌 桌 桌			
桌上 zhuō shang	上 上 上			
	桌上			

빵	面 面 面 面 面 面 面 面			
面包 miànbāo	包 包 包 包 包			
	面包			

(쓰고 √ 표시) 🎧 mp3 119

☐ 桌上有一个面包。 Zhuō shang yǒu yí gè miànbāo.

☐

☐

☐

☐

응용해서 써 보기 🎧 mp3 120

① 탁자에 책 한 권이 있어요. (책 한 권 = 一本书 yì běn shū)

→

② 탁자에 종이 한 장이 있어요. (종이 한 장 = 一张纸 yì zhāng zhǐ)

→

정답
① 桌上有一本书。 Zhuō shang yǒu yì běn shū.
② 桌上有一张纸。 Zhuō shang yǒu yì zhāng zhǐ.

거리에 쓰레기가 없어요.

街上没有垃圾。

Jiē shang méiyǒu lājī.

설명 「~上没有~」=「~위에 ~이/가 없다」

街上没有垃圾。 거리 (위)에 쓰레기가 없어요.

: 주어가 장소이므로 이 문장에서도 有는 소유의 의미가 아니라 존재의 의미를 나타냅니다. 街(거리) 뒤에 방향을 나타내는 단어(上, 위)를 함께 사용합니다.

발음 [찌에 상 메이요우 라지]

단어 써 보기

거리 위 街上 jiē shang	街 街 街 街 街 街 街 街 街 街 街 街 上 上 上			
	街上			

쓰레기 垃圾 lājī	垃 垃 垃 垃 垃 垃 垃 垃 圾 圾 圾 圾 圾 圾			
	垃圾			

☐ 街上没有垃圾。 Jiē shang méiyǒu lājī.

☐

☐

☐

☐

응용해서 써 보기　🎧 mp3 122

① 거리에 사람이 없어요. (사람 = 人 rén)

→

② 탁자에 컵이 없어요. (컵 = 杯子 bēizi)

→

정답
① 街上没有人。 Jiē shang méiyǒu rén.
② 桌上没有杯子。 Zhuō shang méiyǒu bēizi.

※ 배운 문장을 기억하여 중국어로 써 보세요. (정답 254p)

① 저는 핸드폰이 있어요. →

② 저는 친구가 많이 있어요. →

③ 저는 질문이 많이 있어요. →

④ 그녀는 아주 능력이 있어요. →

⑤ 그는 아주 매력이 있어요. →

⑥ 저는 시간이 없어요. →

⑦ 저는 잔돈이 없어요. →

⑧ 집에 일이 있어요. →

⑨ 지갑에 카드가 없어요. →

⑩ 탁자에 빵 한 개가 있어요. →

⑪ 탁자에 책 한 권이 있어요. →

⑫ 거리에 쓰레기가 없어요. →

※ 어려운 문장 체크

CHAPTER 08

'가다/오다'를 사용해서 말하기

- 去/来(가다/오다)

저는 회사에 가요.

我去公司。

Wǒ qù gōngsī.

설명 「去~」=「~에 가다」

我去公司。 저는 회사에 가요.

: 去는 동사로 '가다'라는 뜻이며 「去+장소(~에 가다)」의 형식으로 사용합니다.

발음 [워 취 꽁쓰]

단어 써 보기

가다
去
qù

去 去 去 去 去

去					

회사
公司
gōngsī

公 公 公 公
司 司 司 司 司

公司			

(쓰고 √표시) 🎧 mp3 123

☐ 我去公司。 Wǒ qù gōngsī.

☐

☐

☐

☐

응용해서 써 보기 🎧 mp3 124

① 저는 학교에 가요. (학교 = 学校 xuéxiào)

→

② 저는 병원에 가요. (병원 = 医院 yīyuàn)

→

정답
① 我去学校。 Wǒ qù xuéxiào.
② 我去医院。 Wǒ qù yīyuàn.

저는 매일 학교에 가요.

我每天去学校。

Wǒ měitiān qù xuéxiào.

설명 「每天去~」=「매일 ~에 가다」

我每天去学校。 저는 매일 학교에 가요.

: 每天은 시간 명사로 '매일'이라는 뜻입니다. 시간을 나타내는 단어는 동사 앞에 사용합니다.

발음 [워 메이티엔 취 쉬에시아오]

단어 써 보기

매일 每天 měitiān	每 每 每 每 每 每 每 天 天 天 天		
	每天		

학교 学校 xuéxiào	学 学 学 学 学 学 学 学 校 校 校 校 校 校 校 校 校 校		
	学校		

(쓰고 √ 표시) 🎧 mp3 125

☐ 我每天去学校。 Wǒ měitiān qù xuéxiào.

☐

☐

☐

☐

🎧 mp3 126

① 저는 매일 회사에 가요. (회사 = 公司 gōngsī)

→

② 저는 매일 헬스장에 가요. (헬스장 = 健身房 jiànshēnfáng)

→

정답
① 我每天去公司。 Wǒ měitiān qù gōngsī.
② 我每天去健身房。 Wǒ měitiān qù jiànshēnfáng.

저는 물건을 사러 가요.

我 去 买 东 西 。

Wǒ qù mǎi dōngxi.

설명 「去+동사」 = 「~하러 가다」

我去买东西。 저는 물건을 사러 가요.

: 去는 동사로 '가다'라는 뜻인데 뒤에 동사를 더하여 '가서 ~을 하다', '~하러 가다'라는 뜻으로 사용할 수 있습니다.

발음 [워 취 마이 똥시]

단어 써 보기

사다 **买** mǎi	买 买 买 买 买 买					
	买					

물건 **东西** dōngxi	东 东 东 东 东 西 西 西 西 西 西			
	东西			

☐ 我去买东西。Wǒ qù mǎi dōngxi.

☐

☐

☐

☐

응용해서 써 보기　　　🎧 mp3 128

① 저는 출근해요(= 저는 출근하러 가요). (출근하다 = 上班 shàng bān)

　→

② 저는 영화 보러 가요. (영화를 보다 = 看电影 kàn diànyǐng)

　→

정답
① 我去上班。Wǒ qù shàng bān.
② 我去看电影。Wǒ qù kàn diànyǐng.

저는 교실에 수업하러 가요.

我去教室上课。

Wǒ qù jiàoshì shàng kè.

설명 「去장소+동사」=「~에 ~하러 가다」

我去教室上课。저는 교실에 수업하러 가요.

: 「去+동사」의 형식에서 去 뒤에 구체적인 장소 단어를 넣어서 '~에 ~하러 가다'라는 뜻으로 사용할 수 있습니다.

발음 [워 취 찌아오스 상커]

단어 써 보기

교실 教室 jiàoshì	教 教 教 教 教 教 教 教 教 教 教 室 室 室 室 室 室 室 室 室			
	教室			

수업하다 上课 shàng kè	上 上 上 课 课 课 课 课 课 课 课 课 课			
	上课			

(쓰고 √ 표시) 🎧 mp3 129

□ 我去教室上课。 Wǒ qù jiàoshì shàng kè.

□

□

□

□

응용해서 써 보기 🎧 mp3 130

① 저는 교실에 공부하러 가요. (책을 보다, 공부하다 = 看书 kàn shū)

→

② 저는 마트에 물건을 사러 가요. (마트 = 超市 chāoshì)

→

정답
① 我去教室看书。 Wǒ qù jiàoshì kàn shū.
② 我去超市买东西。 Wǒ qù chāoshì mǎi dōngxi.

저는 여기에 운동하러 와요.

我来这里运动。

Wǒ lái zhèlǐ yùndòng.

설명 「来장소+동사」=「~에 ~하러 오다」

我来这里运动。 저는 여기에 운동하러 와요.

: 来는 동사로 '오다'라는 뜻인데, 去와 마찬가지로 「来+동사」의 형식으로 사용하여 '~
에 ~하러 오다'라는 뜻으로 사용할 수 있습니다.

발음 [워 라이 쩌리 윈둥]

단어 써 보기

오다 来 lái	来 来 来 来 来 来 来
	来					

운동하다 运动 yùndòng	运 运 运 运 运 运 运 动 动 动 动 动 动
	运动			

읽으면서 써 보기 (쓰고 √ 표시)

☐ 我来这里运动。 Wǒ lái zhèlǐ yùndòng.

☐

☐

☐

☐

응용해서 써 보기

① 저는 여기에 커피를 마시러 와요. (커피를 마시다 = 喝咖啡 hē kāfēi)

　→

② 저는 여기에 밥을 먹으러 와요. (밥을 먹다 = 吃饭 chī fàn)

　→

정답
① 我来这里喝咖啡。 Wǒ lái zhèlǐ hē kāfēi.
② 我来这里吃饭。 Wǒ lái zhèlǐ chī fàn.

우리 **같이** 밥 **먹으러** 가요.

我们一起去吃饭吧。

Wǒmen yìqǐ qù chī fàn ba.

설명 「一起去~吧」= 「같이 ~하러 가자」

我们一起去吃饭吧。우리 같이 밥 먹으러 가요.

: 부사 一起(함께)와 어기 조사 吧(~하자)를 사용하면 「一起+동사+吧(같이 ~하자)」라는 형식이 됩니다. 부사는 동사 앞에 사용합니다.

발음 [워먼 이치 취 츠판 바]

┌─────────────────┐
│ 단어 써 보기 │
└─────────────────┘

함께, 같이

一起
yìqǐ

一
起 起 起 起 起 起 起 起 起 起

一起

~하자

吧
ba

吧 吧 吧 吧 吧 吧 吧

吧

☐ 我们一起去吃饭吧。 Wǒmen yìqǐ qù chī fàn ba.

☐

☐

☐

☐

응용해서 써 보기

mp3 134

① 우리 같이 운동하러 가요. (운동하다 = 运动 yùndòng)

→

② 우리 같이 술 마시러 가요. (술을 마시다 = 喝酒 hē jiǔ)

→

정답
① 我们一起去运动吧。 Wǒmen yìqǐ qù yùndòng ba.
② 我们一起去喝酒吧。 Wǒmen yìqǐ qù hē jiǔ ba.

우리 **같이 와서** 건**배**해요.

咱们一起来干杯吧。

Zánmen yìqǐ lái gān bēi ba.

설명 「一起来~吧」＝「같이 와서 ~하자」

咱们一起来干杯吧。우리 같이 와서 건배해요.

: 「一起+동사+吧(같이 ~하자)」에 동사 来를 사용하여 '같이 와서 ~하자'라는 뜻으로 사용합니다. 咱们은 인칭 대명사로 我们(우리)과 你们(너희)을 모두 포함하는 '우리'라는 뜻입니다.

발음 [잔먼 이치 라이 깐뻬이 바]

단어 써 보기

우리 **咱们** zánmen	咱 咱 咱 咱 咱 咱 咱 咱 咱 们 们 们 们 们			
	咱们			

건배하다 **干杯** gān bēi	干 干 干 杯 杯 杯 杯 杯 杯 杯 杯			
	干杯			

읽으면서 써 보기　(쓰고 √ 표시)　　　　　🎧 mp3 135

□ 咱们一起来干杯吧。 Zánmen yìqǐ lái gān bēi ba.

□

□

□

□

응용해서 써 보기　　　　　🎧 mp3 136

① 우리 같이 와서 도웁시다. (돕다 = 帮助 bāngzhù)

　→

② 우리 같이 와서 청소하자. (청소하다 = 打扫 dǎsǎo)

　→

정답
① 咱们一起来帮助吧。 Zánmen yìqǐ lái bāngzhù ba.
② 咱们一起来打扫吧。 Zánmen yìqǐ lái dǎsǎo ba.

※ 배운 문장을 기억하여 중국어로 써 보세요. (정답 255p)

① 저는 회사에 가요. →

② 저는 학교에 가요. →

③ 저는 매일 학교에 가요. →

④ 저는 매일 헬스장에 가요. →

⑤ 저는 물건을 사러 가요. →

⑥ 저는 영화 보러 가요. →

⑦ 저는 교실에 수업하러 가요. →

⑧ 저는 마트에 물건을 사러 가요. →

⑨ 저는 여기에 운동하러 와요. →

⑩ 우리 같이 밥 먹으러 가요. →

⑪ 우리 같이 술 마시러 가요. →

⑫ 우리 같이 와서 건배해요. →

※ 어려운 문장 체크

CHAPTER 09

취향 말하기
- 喜欢(좋아하다)

저는 강아지를 좋아해요.

我喜欢小狗。

Wǒ xǐhuan xiǎogǒu.

설명 「喜欢~」＝「~을/를 좋아하다」
我喜欢小狗。 저는 강아지를 좋아해요.
: 喜欢은 동사로 무엇을 '좋아하다'라는 뜻입니다.

발음 [워 시환 시아오고우]

단어 써 보기

좋아하다 **喜欢** xǐhuan	喜 喜 喜 喜 喜 喜 喜 喜 喜 喜 喜 喜			
	欢 欢 欢 欢 欢 欢			
	喜欢			

강아지 **小狗** xiǎogǒu	小 小 小			
	狗 狗 狗 狗 狗 狗 狗 狗			
	小狗			

읽으면서 써 보기 (쓰고 √ 표시) 🎧 mp3 137

☐ 我喜欢小狗。Wǒ xǐhuan xiǎogǒu.

☐

☐

☐

☐

응용해서 써 보기 🎧 mp3 138

① 나는 너를 좋아해. (너 = 你 nǐ)

　→

② 저는 흰색을 좋아해요. (흰색 = 白色 báisè)

　→

정답

① 我喜欢你。Wǒ xǐhuan nǐ.

② 我喜欢白色。Wǒ xǐhuan báisè.

저는 눈이 오는 겨울을 좋아해요.

我喜欢下雪的冬天。

Wǒ xǐhuan xià xuě de dōngtiān.

설명 「동사/형용사+的+명사」=「~하는/한+명사」

我喜欢下雪的冬天。저는 눈이 오는 겨울을 좋아해요.

: 조사 的(하는/한)는 명사가 명사를 수식할 때뿐만 아니라, 동사나 형용사가 명사를 수식할 때도 사용할 수 있습니다.

발음 [워 시환 시아쉬에 더 똥티엔]

단어 써 보기

눈이 내리다
下雪
xià xuě

下 下 下
雪 雪 雪 雪 雪 雪 雪 雪 雪 雪 雪

下雪

겨울
冬天
dōngtiān

冬 冬 冬 冬 冬
天 天 天 天

冬天

☐ 我喜欢下雪的冬天。 Wǒ xǐhuan xià xuě de dōngtiān.

☐

☐

☐

☐

응용해서 써 보기 🎧 mp3 140

① 저는 꽃이 피는 봄을 좋아해요. (꽃이 피다 = 开花 kāi huā, 봄 = 春天 chūntiān)

→

② 저는 무더운 여름을 좋아해요. (무덥다 = 炎热 yánrè, 여름 = 夏天 xiàtiān)

→

정답

① 我喜欢开花的春天。 Wǒ xǐhuan kāi huā de chūntiān.
② 我喜欢炎热的夏天。 Wǒ xǐhuan yánrè de xiàtiān.

저는 산책하는 것을 좋아해요.

我 喜欢 散步。

Wǒ xǐhuan sàn bù.

설명 「喜欢+동사」=「~하는 것을 좋아하다」

我 喜欢散步。 저는 산책하는 것을 좋아해요.

: 喜欢은 목적어로 명사 외에도 동사를 사용하여 '~하는 것을 좋아하다'라는 뜻을 나타낼

수 있습니다.

발음 [워 시환 싼뿌]

단어 써 보기

산책하다 散步 sàn bù	散 散 散 散 散 散 散 散 散 散 散 散 步 步 步 步 步 步 步			
	散步			

☐ 我喜欢散步。Wǒ xǐhuan sàn bù.

☐

☐

☐

☐

응용해서 써 보기　🎧 mp3 142

① 저는 쇼핑하는 것을 좋아해요. (쇼핑하다 = 购物 gòu wù)

　→

② 저는 게임하는 것을 좋아해요. (게임을 하다 = 玩游戏 wán yóuxì)

　→

정답

① 我喜欢购物。Wǒ xǐhuan gòu wù.

② 我喜欢玩游戏。Wǒ xǐhuan wán yóuxì.

저는 여행 가는 것을 아주 좋아해요.

我 很 喜 欢 去 旅 游。

Wǒ hěn xǐhuan qù lǚyóu.

설명 「很喜欢~」 = 「~을/를 아주/매우 좋아하다」

我 很喜欢去旅游。 저는 여행 가는 것을 아주/매우 좋아해요.

: 很(아주/매우)은 부사로 주로 형용사를 수식하지만 喜欢(좋아하다)과 같이 감정을 나타
내는 동사도 수식할 수 있습니다.

발음 [워 헌 시환 취 뤼요우]

┌─────────────┐
│ 단어 써 보기 │
└─────────────┘

여행하다 旅 游 lǚyóu	旅 旅 旅 旅 旅 旅 旅 旅 旅 旅 游 游 游 游 游 游 游 游 游 游 游			
	旅游			

☐ 我很喜欢去旅游。 Wǒ hěn xǐhuan qù lǚyóu.

☐

☐

☐

☐

① 저는 등산하러 가는 것을 아주 좋아해요. (등산하다 = 爬山 pá shān)

→

② 저는 운동하러 가는 것을 아주 좋아해요. (운동하다 = 运动 yùndòng)

→

정답
① 我很喜欢去爬山。 Wǒ hěn xǐhuan qù pá shān.
② 我很喜欢去运动。 Wǒ hěn xǐhuan qù yùndòng.

저는 훠궈 먹는 것을 심히 좋아해요.

我非常喜欢吃火锅。

Wǒ fēicháng xǐhuan chī huǒguō.

설명 「非常喜欢~」=「~을/를 대단히/심히 좋아하다」

我非常喜欢吃火锅。 저는 훠궈 먹는 것을 심히 좋아해요.

: 非常(대단히/심히)은 부사이며 很(아주/매우)보다 정도가 더 심함을 나타냅니다. 형용
사와 감정을 나타내는 동사를 수식할 수 있습니다.

발음 [워 페이창 시환 츠 훠궈]

단어 써 보기

대단히, 심히 **非常** fēicháng	非 非 非 非 非 非 非 非
	常 常 常 常 常 常 常 常 常 常 常
	非常

훠궈 **火锅** huǒguō	火 火 火 火
	锅 锅 锅 锅 锅 锅 锅 锅 锅 锅 锅
	火锅

☐ 我非常喜欢吃火锅。 Wǒ fēicháng xǐhuan chī huǒguō.

☐

☐

☐

☐

응용해서 써 보기 🎧 mp3 146

① 저는 영화 보는 것을 대단히 좋아해요. (영화를 보다 = 看电影 kàn diànyǐng)

→

② 저는 축구를 하는 것을 대단히 좋아해요. (축구를 하다 = 踢足球 tī zúqiú)

→

정답
① 我非常喜欢看电影。 Wǒ fēicháng xǐhuan kàn diànyǐng.
② 我非常喜欢踢足球。 Wǒ fēicháng xǐhuan tī zúqiú.

저는 고양이를 안 좋아해요.

我不喜欢猫。

Wǒ bù xǐhuan māo.

설명 「不喜欢~」=「~을/를 안 좋아하다」

我 不喜欢猫。 저는 고양이를 안 좋아해요.

: 동사 喜欢(좋아하다)을 부정형으로 만들 때 앞에 부정 부사 不(안)를 사용합니다.

발음 [워 뿌 시환 마오]

단어 써 보기

안 不 bù	不 不 不 不				
	不				

고양이 猫 māo	猫 猫 猫 猫 猫 猫 猫 猫 猫 猫 猫				
	猫				

□ 我不喜欢猫。 Wǒ bù xǐhuan māo.

□

□

□

□

응용해서 써 보기 🎧 mp3 148

① 저는 쥐를 안 좋아해요. (쥐 = 老鼠 lǎoshǔ)

→

② 저는 녹색을 안 좋아해요. (녹색 = 绿色 lǜsè)

→

정답
① 我不喜欢老鼠。 Wǒ bù xǐhuan lǎoshǔ.
② 我不喜欢绿色。 Wǒ bù xǐhuan lǜsè.

저는 달콤한 것을 먹는 걸 별로 좋아하지 않아요.

我不太喜欢吃甜的。

Wǒ bú tài xǐhuan chī tián de.

설명 「不太~」=「별로 ~하지 않다」
我不太喜欢吃甜的。 저는 달콤한 것을 먹는 걸 별로 좋아하지 않아요.
: 不太는 '별로/그다지 ~하지 않다'라는 뜻으로 형용사와 동사 앞에 사용합니다.

발음 [워 부타이 시환 츠 티엔더]

단어 써 보기

| 별로 ~하지 않다
不太
bú tài | 不 不 不 不
太 太 太 太
不太 | | |

| 달콤한 것
甜 的
tián de | 甜 甜 甜 甜 甜 甜 甜 甜 甜 甜
的 的 的 的 的 的 的 的
甜 的 | | |

(쓰고 √ 표시) 🎧 mp3 149

☐ 我不太喜欢吃甜的。 Wǒ bú tài xǐhuan chī tián de.

☐

☐

☐

☐

응용해서 써 보기 🎧 mp3 150

① 저는 매운 것을 먹는 걸 별로 좋아하지 않아요. (매운 것을 먹다 = 吃辣的 chī là de)

→

② 저는 운동하는 것을 별로 좋아하지 않아요. (운동하다 = 运动 yùndòng)

→

정답
① 我不太喜欢吃辣的。 Wǒ bú tài xǐhuan chī là de.
② 我不太喜欢运动。 Wǒ bú tài xǐhuan yùndòng.

※ 배운 문장을 기억하여 중국어로 써 보세요. (정답 255p)

① 저는 강아지를 좋아해요. →

② 저는 흰색을 좋아해요. →

③ 저는 눈이 오는 겨울을 좋아해요. →

④ 저는 꽃이 피는 봄을 좋아해요. →

⑤ 저는 산책하는 것을 좋아해요. →

⑥ 저는 게임하는 것을 좋아해요. →

⑦ 저는 여행 가는 것을 아주 좋아해요. →

⑧ 저는 훠궈 먹는 것을 대단히 좋아해요. →

⑨ 저는 영화 보는 것을 대단히 좋아해요. →

⑩ 저는 고양이를 안 좋아해요. →

⑪ 저는 녹색을 안 좋아해요. →

⑫ 저는 달콤한 것을 먹는 걸 별로 좋아하지 않아요. →

※ 어려운 문장 체크

CHAPTER 10

소망, 의지, 당위 말하기
- 要(원하다, ~하려고 하다, ~해야 한다)

저는 이것을 원해요.

我要这个。

Wǒ yào zhè ge.

설명 「要~」= 「~을/를 원하다」

我要这个. 저는 이것을 원해요.

: 要는 동사로 무엇을 얻기를 '원하다'라는 뜻이고 这个는 구체적 사물을 가리키는데 '이것'이라고 말할 때 사용합니다.

발음 [워 야오 쩌거]

단어 써 보기

① 원하다

要
yào

要 要 要 要 要 要 要 要 要

要

이것

这个
zhè ge

这 这 这 这 这 这 这
个 个 个

这个

읽으면서 써 보기 (쓰고 √ 표시)

☐ 我要这个。 Wǒ yào zhè ge.

☐

☐

☐

☐

응용해서 써 보기

① 저는 저것을 원해요. (저것 = 那个 nà ge)

→

② 저는 전부를 원해요. (전부 = 全部 quánbù)

→

> **정답**
> ① 我要那个。 Wǒ yào nà ge.
> ② 我要全部。 Wǒ yào quánbù.

저는 아메리카노를 원해요.

我要美式咖啡。

Wǒ yào měishì kāfēi.

설명 「要~」=「~을/를 원하다」

我要美式咖啡。 저는 아메리카노를 원해요(=아메리카노 주세요).

: 물건을 주문하거나 고를 때 要(원하다) 뒤에 구체적인 사물의 이름을 넣어서 말합니다.
'무엇을 주세요'라고 할 때 사용합니다.

발음 [워 야오 메이스 카페이]

단어 써 보기

미국식 美式 měishì	美 美 美 美 美 美 美 美 美 式 式 式 式 式 式			
	美式			

커피 咖啡 kāfēi	咖 咖 咖 咖 咖 咖 咖 咖 啡 啡 啡 啡 啡 啡 啡 啡 啡 啡 啡			
	咖啡			

(쓰고 √ 표시)　　　　　　　　　　　🎧 mp3 153

☐ 我要美式咖啡。 Wǒ yào měishì kāfēi.

☐

☐

☐

☐

읽으면서 써 보기 응용해서 써 보기　　　　　　　　　　　🎧 mp3 154

① 저는 카페 라떼를 원해요(= 카페 라떼 주세요). (카페 라떼 = 拿铁 nátiě)

　→

② 저는 맥주를 원해요(= 맥주 주세요). (맥주 = 啤酒 píjiǔ)

　→

정답
① 我要拿铁。 Wǒ yào nátiě.
② 我要啤酒。 Wǒ yào píjiǔ.

저 주문할게요.

我要点菜。

Wǒ yào diǎn cài.

설명 「要 +동사」=「~하려고 하다」

我要点菜。저는 주문하려고 해요(저 주문할게요).

: 要는 능원 동사(조동사)로 의지를 나타내며 무엇을 '하려고 하다', 무엇을 '하고 싶다'라
는 뜻입니다. 능원 동사는 동사 앞에 사용합니다.

발음 [워 야오 디엔 차이]

단어 써 보기

② ~하려고 하다 **要** yào	要 要 要 要 要 要 要 要 要					
	要					

음식을 주문하다 **点菜** diǎn cài	点 点 点 点 点 点 点 点 点 菜 菜 菜 菜 菜 菜 菜 菜 菜 菜 菜			
	点菜			

☐ 我要点菜。 Wǒ yào diǎn cài.

☐

☐

☐

☐

응용해서 써 보기 🎧 mp3 156

① 저는 콜라 마시고 싶어요. (콜라를 마시다 = 喝可乐 hē kělè)

　→

② 저 화장실에 좀 다녀올게요. (화장실에 가다 = 上厕所 shàng cèsuǒ)

　→

정답
① 我要喝可乐。 Wǒ yào hē kělè.
② 我要上厕所。 Wǒ yào shàng cèsuǒ.

저는 바지 한 벌을 사려고 해요.

我要买一件裤子。

Wǒ yào mǎi yí jiàn kùzi.

설명 「수사+양사+명사」

一件裤子 바지 한 벌

: 중국어에서는 한 개, 한 명, 한 권처럼 물건을 세는 말의 종류가 다양한데 이것을 양사라고 하며 「수사(一)+양사(件)+명사(裤子)」의 어순으로 사용합니다.

발음 [워 야오 마이 이찌엔 쿠즈]

단어 써 보기

~벌 件 jiàn	件 件 件 件 件 件					
	件					

바지 裤子 kùzi	裤 裤 裤 裤 裤 裤 裤 裤 裤 裤 裤 裤 子 子 子				
	裤子				

196

☐ 我要买一件裤子。 Wǒ yào mǎi yí jiàn kùzi.

☐ _____

☐ _____

☐ _____

☐ _____

응용해서 써 보기 🎧 mp3 158

① 저는 사전 한 권을 사려고 해요. (사전 한 권 = 一本词典 yì běn cídiǎn)

　→

② 저는 수박 한 통을 사려고 해요. (수박 한 통 = 一个西瓜 yí gè xīguā)

　→

정답

① 我要买一本词典。 Wǒ yào mǎi yì běn cídiǎn.
② 我要买一个西瓜。 Wǒ yào mǎi yí gè xīguā.

열심히 공부해야 해요.

你要认真学习。

Nǐ yào rènzhēn xuéxí.

설명 「要+동사」 = 「~해야 한다」

你要认真学习。 (당신은) 열심히 공부해야 해요.

: 要는 능원 동사(조동사)로 의무를 나타내며 무엇을 '해야 한다', 무엇을 '할 필요가 있다' 라는 뜻입니다. 认真(열심히)은 부사로 동사 앞에 사용합니다.

발음 [니 야오 런쩐 쉬에시]

단어 써 보기

③ ~해야 한다

要
yào

要	要	要	要	要	要	要	要	要

要				

열심히

认真
rènzhēn

认	认	认	认

真	真	真	真	真	真	真	真	真	真

认真			

☐ 你要认真学习。Nǐ yào rènzhēn xuéxí.

☐

☐

☐

☐

① 감기에 주의해야 해요. (감기에 주의하다 = 注意感冒 zhùyì gǎnmào)

　→

② 몸을 단련시켜야 해요(= 운동해야 해요). (몸을 단련하다 = 锻炼身体 duànliàn shēntǐ)

　→

정답
① 你要注意感冒。Nǐ yào zhùyì gǎnmào.
② 你要锻炼身体。Nǐ yào duànliàn shēntǐ.

담배를 피우지 마세요.

不要抽烟。

Bú yào chōu yān.

설명 「不要+동사」 = 「~하지 마세요」

不要抽烟。 담배를 피우지 마세요.

: 要의 부정형 不要는 무엇을 '하지 말라'라는 뜻으로 듣는 사람이 여러 사람이거나 주어가 你(너)일 때 금지(명령)를 나타냅니다.

발음 [부 야오 초우 이엔]

단어 써 보기

~하지 말라(금지) ## 不要 bú yào	不 不 不 不		
	要 要 要 要 要 要 要 要 要		
	不要		

담배를 피우다 ## 抽烟 chōu yān	抽 抽 抽 抽 抽 抽 抽 抽		
	烟 烟 烟 烟 烟 烟 烟 烟 烟 烟		
	抽烟		

☐ 不要抽烟。 Bú yào chōu yān.

☐

☐

☐

☐

응용해서 써 보기   🎧 mp3 162

① 쓰레기를 버리지 마세요. (쓰레기를 버리다 = 扔垃圾 rēng lājī)

→

② 떠들지 마세요. (떠들다 = 吵闹 chǎonào)

→

정답
① 不要扔垃圾。Bú yào rēng lājī.
② 不要吵闹。Bú yào chǎonào.

곧 밥 먹을 거예요.

快要吃饭了。

Kuài yào chī fàn le.

설명 「快要+동사+了」=「곧 ~할 거예요」

快要吃饭了。곧 밥 먹을 거예요.

: 快要는 '곧 무엇을 하다'라는 뜻으로 곧 일어날 일을 나타내며 문장 뒤에 어기조사 了

를 함께 사용합니다.

발음 [콰이야오 츠 판 러]

단어 써 보기

곧, 머지않아 **快要** kuài yào	快 快 快 快 快 快 快 要 要 要 要 要 要 要 要			
	快要			

(상황의 변화) **了** le	了 了				
	了				

☐ 快要吃饭了。 Kuài yào chī fàn le.

☐

☐

☐

☐

① 곧 끝날 거예요. (끝나다 = 结束 jiéshù)

　→

② 곧 졸업할 거예요. (졸업하다 = 毕业 bì yè)

　→

정답
① 快要结束了。 Kuài yào jiéshù le.
② 快要毕业了。 Kuài yào bì yè le.

※ 배운 문장을 기억하여 중국어로 써 보세요. (정답 255p)

① 저는 이것을 원해요. →

② 저는 저것을 원해요. →

③ 저는 아메리카노를 원해요. →

④ 저 주문할게요. →

⑤ 저는 바지 한 벌을 사려고 해요. →

⑥ 저는 사전 한 권을 사려고 해요. →

⑦ 열심히 공부해야 해요. →

⑧ 감기에 주의해야 해요. →

⑨ 담배를 피우지 마세요. →

⑩ 쓰레기를 버리지 마세요. →

⑪ 곧 밥 먹을 거예요. →

⑫ 곧 끝날 거예요. →

※ 어려운 문장 체크

CHAPTER 11

소망 말하기
- 想(그리워하다, ~하고 싶다)

저는 당신이 보고 싶어요.

我 想 你。

Wǒ xiǎng nǐ.

설명 「想~」=「~이/가 보고 싶다」

我想你。 저는 당신이 보고 싶어요.

: 想은 동사로 무엇을 '그리워하다', '보고 싶어 하다'라는 뜻입니다.

발음 [워 시앙 니]

단어 써 보기

① 보고 싶어 하다

想
xiǎng

想 想 想 想 想 想 想 想 想 想 想 想 想

想					

너

你
nǐ

你 你 你 你 你 你 你

你					

<table>
<tr><td>읽으면서 써 보기</td><td>(쓰고 √ 표시)</td><td>🎧 mp3 165</td></tr>
</table>

□ 我想你。 Wǒ xiǎng nǐ.

□

□

□

□

<table>
<tr><td>응용해서 써 보기</td><td>🎧 mp3 166</td></tr>
</table>

① 난 그녀가 보고 싶어. (그녀 = 她 tā)

→

② 저는 가족이 그리워요. (가족 = 家人 jiārén)

→

정답
① 我想她。 Wǒ xiǎng tā.
② 我想家人。 Wǒ xiǎng jiārén.

저는 쉬고 싶어요.

我想休息。

Wǒ xiǎng xiūxi.

설명 「想+동사」 = 「~하고 싶다」

我想休息。 저는 쉬고 싶어요.

: 想은 능원 동사(조동사)로 '무엇을 하고 싶다'라는 뜻을 나타내며 동사 앞에 사용합니다.

발음 [워 시앙 시우시]

단어 써 보기

② ~하고 싶다

想
xiǎng

想 想 想 想 想 想 想 想 想 想 想 想 想

想

쉬다

休息
xiūxi

休 休 休 休 休 休
息 息 息 息 息 息 息 息 息

休息

☐ 我 想 休 息。 Wǒ xiǎng xiūxi.

☐

☐

☐

☐

응용해서 써 보기 🎧 mp3 168

① 저는 잠을 자고 싶어요. (잠을 자다 = 睡觉 shuì jiào)

→

② 저는 커피를 마시고 싶어요. (커피를 마시다 = 喝咖啡 hē kāfēi)

→

정답
① 我想睡觉。 Wǒ xiǎng shuì jiào.
② 我想喝咖啡。 Wǒ xiǎng hē kāfēi.

저는 의사가 되고 싶어요.

我 想 当 医 生。

Wǒ xiǎng dāng yīshēng.

설명 「想当~」= 「~이/가 되고 싶다」

我 想 当 医 生。 저는 의사가 되고 싶어요.

: 当은 동사로 무엇이 '되다'라는 뜻입니다. 장래 희망을 말할 때 「想 当+직업(~이 되고 싶다)」의 형식을 사용합니다.

발음 [워 시앙 땅 이셩]

단어 써 보기

~이 되다 当 dāng	当 当 当 当 当 当				
	当				

의사 医生 yīshēng	医 医 医 医 医 医 医 生 生 生 生 生		
	医生		

(쓰고 √ 표시) 🎧 mp3 169

☐ 我 想 当 医 生 。 Wǒ xiǎng dāng yīshēng.

☐

☐

☐

☐

응용해서 써 보기 🎧 mp3 170

① 저는 가수가 되고 싶어요. (가수 = 歌手 gēshǒu)

  →

② 저는 변호사가 되고 싶어요. (변호사 = 律师 lǜshī)

  →

정답
① 我想当歌手。 Wǒ xiǎng dāng gēshǒu.
② 我想当律师。 Wǒ xiǎng dāng lǜshī.

저는 너무 연애하고 싶어요.

我 很 想 谈 恋 爱。

Wǒ hěn xiǎng tán liàn'ài.

설명 「很想~」=「너무 ~ 하고 싶다」

我很想谈恋爱。 저는 너무 연애하고 싶어요.

: 很(아주/매우)은 부사로 능원 동사 想(~하고 싶다)을 수식할 수 있습니다. 谈(말하다)과
恋爱(연애)는 함께 쓰면 '연애하다'라는 뜻입니다.

발음 [워 헌 시앙 탄 리엔아이]

단어 써 보기

말하다 谈 tán	谈 谈 谈 谈 谈 谈 谈 谈 谈
	谈

연애 恋 爱 liàn'ài	恋 恋 恋 恋 恋 恋 恋 恋 恋 恋 爱 爱 爱 爱 爱 爱 爱 爱 爱 爱
	恋爱

☐ 我很想谈恋爱。 Wǒ hěn xiǎng tán liàn'ài.

☐

☐

☐

☐

① 저는 너무 바닷가에 가서 놀고 싶어요. (바닷가에 가서 놀다 = 去海边玩儿 qù hǎibiān wánr)

→

② 저는 너무 유럽 여행을 가고 싶어요. (유럽 여행을 가다 = 去欧洲旅游 qù Ōuzhōu lǚyóu)

→

정답
① 我很想去海边玩儿。 Wǒ hěn xiǎng qù hǎibiān wánr.
② 我很想去欧洲旅游。 Wǒ hěn xiǎng qù Ōuzhōu lǚyóu.

저는 매일 야근하고 싶지 않아요.

我不想每天加班。

Wǒ bù xiǎng měitiān jiā bān.

설명 「不想~」=「~ 하고 싶지 않다」

我不想每天加班。 저는 매일 야근하고 싶지 않아요.

: 不想은 무엇을 '하고 싶지 않다'라는 뜻으로 想(~하고 싶다)의 부정형입니다. 要(하려고 하다)를 부정할 때도 사용합니다.

발음 [워 뿌 시앙 메이티엔 찌아빤]

단어 써 보기

~하고 싶지 않다 **不想** bù xiǎng	不 不 不 不 想 想 想 想 想 想 想 想 想 想 想 想
	不想

야근하다 **加班** jiā bān	加 加 加 加 加 班 班 班 班 班 班 班 班 班 班
	加班

(쓰고 √ 표시) 🎧 mp3 173

☐ 我不想每天加班。 Wǒ bù xiǎng měitiān jiā bān.

☐

☐

☐

☐

응용해서 써 보기 🎧 mp3 174

① 저는 채소를 먹고 싶지 않아요. (채소를 먹다 = 吃蔬菜 chī shūcài)

  →

② 저는 수업하러 가고 싶지 않아요. (수업하러 가다 = 去上课 qù shàng kè)

  →

정답
① 我不想吃蔬菜。 Wǒ bù xiǎng chī shūcài.
② 我不想去上课。 Wǒ bù xiǎng qù shàng kè.

215

※ 배운 문장을 기억하여 중국어로 써 보세요. (정답 255p)

① 저는 당신이 보고 싶어요. →

② 저는 가족이 그리워요. →

③ 저는 쉬고 싶어요. →

④ 저는 잠을 자고 싶어요. →

⑤ 저는 커피를 마시고 싶어요. →

⑥ 저는 의사가 되고 싶어요. →

⑦ 저는 가수가 되고 싶어요. →

⑧ 저는 변호사가 되고 싶어요. →

⑨ 저는 너무 연애하고 싶어요. →

⑩ 저는 너무 바닷가에 가서 놀고 싶어요. →

⑪ 저는 매일 야근하고 싶지 않아요. →

⑫ 저는 채소를 먹고 싶지 않아요. →

※ 어려운 문장 체크

CHAPTER 12

능력, 가능성 말하기
- 会(~할 줄 알다, ~할 것이다)

저는 운전할 줄 알아요.

我会开车。

Wǒ huì kāi chē.

설명 「会+동사」=「~할 줄 알다」

我会开车。 저는 운전할 줄 알아요.

: 会는 능원 동사(조동사)로 무엇을 '할 줄 알다'라는 뜻을 나타냅니다. 이것은 타고난 능력이 아니라 배워서 할 줄 알게 된 능력을 표현하는 데 사용합니다.

발음 [워 후이 카이처]

단어 써 보기

① ~할 줄 알다

会
huì

会 会 会 会 会 会

会					

운전하다

开车
kāi chē

开 开 开 开
车 车 车 车

开车		

☐ 我会开车。Wǒ huì kāi chē.

☐

☐

☐

☐

① 저는 요리할 줄 알아요. (요리하다 = 做饭 zuò fàn)

→

② 저는 수영할 줄 알아요. (수영하다 = 游泳 yóu yǒng)

→

정답
① 我会做饭。Wǒ huì zuò fàn.
② 我会游泳。Wǒ huì yóu yǒng.

저는 일본어를 할 줄 알아요.

我会说日语。

Wǒ huì shuō Rìyǔ.

설명 「会说~」=「~을/를 말할 줄 알다」

我会说日语。 저는 일본어를 할 줄 알아요.

: '어떤 언어를 말할 줄 안다'라고 할 때 「会说+언어」의 형식을 사용합니다.

발음 [워 후이 슈오 르위]

단어 써 보기

말하다 说 shuō	说 说 说 说 说 说 说 说 说
	说

일본어 日语 Rìyǔ	日 日 日 日 语 语 语 语 语 语 语 语 语
	日语

☐ 我会说日语。 Wǒ huì shuō Rìyǔ.

☐

☐

☐

☐

응용해서 써 보기　　　🎧 mp3 178

① 저는 영어를 할 줄 알아요. (영어 = 英语 Yīngyǔ)

→

② 저는 스페인어를 할 줄 알아요. (스페인어 = 西班牙语 Xībānyáyǔ)

→

정답

① 我会说英语。 Wǒ huì shuō Yīngyǔ.
② 我会说西班牙语。 Wǒ huì shuō Xībānyáyǔ.

저는 술을 마실 줄 몰라요.

我不会喝酒。

Wǒ bú huì hē jiǔ.

설명 「不会+동사」=「~할 줄 모르다」

我不会喝酒。 저는 술을 마실 줄 몰라요.

: 不会는 무엇을 '할 줄 모르다'라는 뜻으로 능원 동사 会(할 줄 알다)의 부정형입니다.

발음 [워 부후이 허 지우]

단어 써 보기

~할 줄 모르다 **不会** bú huì	不 不 不 不 会 会 会 会 会 会
	不会			

술 **酒** jiǔ	酒 酒 酒 酒 酒 酒 酒 酒 酒 酒
	酒				

(쓰고 √ 표시) 🎧 mp3 179

☐ 我不会喝酒。 Wǒ bú huì hē jiǔ.

☐

☐

☐

☐

읽어서 써 보기 🎧 mp3 180

① 저는 수영할 줄 몰라요. (수영하다 = 游泳 yóu yǒng)

→

② 저는 중국어를 할 줄 몰라요. (중국어를 하다 = 说汉语 shuō Hànyǔ)

→

정답
① 我不会游泳。 Wǒ bú huì yóu yǒng.
② 我不会说汉语。 Wǒ bú huì shuō Hànyǔ.

그는 말을 아주 잘해요.

他很会说话。

Tā hěn huì shuō huà.

설명 「很会+동사」= 「~을/를 아주 잘하다」

他很会说话。 그는 말을 아주 잘해요.

: 会는 능원 동사(조동사)로 무엇을 '잘하다', 무엇에 '뛰어나다'라는 뜻을 나타냅니다. 위 문장은 '말을 할 줄 안다'가 아니라 '언변이 좋다'라는 뜻입니다.

발음 [타 헌 후이 슈오화]

단어 써 보기

② ~을 잘하다 会 huì	会 会 会 会 会 会
	会					

말을 하다 说话 shuō huà	说 说 说 说 说 说 说 说 说 话 话 话 话 话 话 话 话
	说话			

☐ 他很会说话。 Tā hěn huì shuō huà.

☐

☐

☐

☐

응용해서 써 보기 ∩ mp3 182

① 그는 노래를 아주 잘해요. (노래를 부르다 = 唱歌 chàng gē)

→

② 그는 춤을 아주 잘 춰요. (춤을 추다 = 跳舞 tiào wǔ)

→

정답
① 他很会唱歌。Tā hěn huì chàng gē.
② 他很会跳舞。Tā hěn huì tiào wǔ.

그는 **반드시** 올 **거예요.**

他一定会来的。

Tā yídìng huì lái de.

설명 「一定会+동사+的」=「반드시 ~할 것이다」

他一定会来的。 그는 반드시 올 거예요.

: 会는 능원 동사(조동사)로 '~할 것이다'라는 가능성의 뜻을 나타냅니다. 부사 一定(반드시)과 조사 的(긍정의 어기)와 함께 자주 사용됩니다.

발음 [타 이딩 후이 라이 더]

단어 써 보기

반드시 一定 yídìng	一 定 定 定 定 定 定 定 定			
	一定			

③ ~할 것이다 会 huì	会 会 会 会 会 会			
	会			

226

(쓰고 √ 표시) 🎧 mp3 183

☐ 他一定会来的。 Tā yídìng huì lái de.

☐

☐

☐

☐

읽으면서 써 보기 🎧 mp3 184

① 저는 반드시 갈 거예요. (가다 = 去 qù)

→

② 그는 반드시 성공할 거예요. (성공하다 = 成功 chénggōng)

→

※ 배운 문장을 기억하여 중국어로 써 보세요. (정답 255p)

① 저는 운전할 줄 알아요. →

② 저는 요리할 줄 알아요. →

③ 저는 수영할 줄 알아요. →

④ 저는 일본어를 할 줄 알아요. →

⑤ 저는 영어를 할 줄 알아요. →

⑥ 저는 술을 마실 줄 몰라요. →

⑦ 저는 중국어를 할 줄 몰라요. →

⑧ 그는 말을 아주 잘해요. →

⑨ 그는 노래를 아주 잘해요. →

⑩ 그는 춤을 아주 잘 춰요. →

⑪ 그는 반드시 올 거예요. →

⑫ 그는 반드시 성공할 거예요. →

※ 어려운 문장 체크

CHAPTER 13

능력, 허가 말하기
- 能(~할 수 있다, ~해도 된다)

저는 중국어책을 볼 **수 있어요**.

我 能 看 中 文 书。

Wǒ néng kàn Zhōngwén shū.

설명 「能+동사」 = 「~할 수 있다」

我 能 看 中 文 书。 저는 중국어책을 볼 **수 있어요**.

: 能은 능원 동사(조동사)로 '무엇을 할 수 있다'라는 뜻을 나타냅니다. 이것은 가지고 있는 능력을 나타내는 말입니다.

발음 [워 넝 칸 쫑원 슈]

┌─────────────────┐
│ 단어 써 보기 │
└─────────────────┘

① ~할 수 있다	能 能 能 能 能 能 能 能 能 能
能 néng	能				

중국어	中 中 中 中 文 文 文 文
中文 Zhōngwén	中文			

(쓰고 √ 표시)   🎧 mp3 185

☐ 我能看中文书。Wǒ néng kàn Zhōngwén shū.

☐

☐

☐

☐

응용해서 써 보기   🎧 mp3 186

① 저는 영어 신문을 볼 수 있어요. (영어 신문 = 英文报 Yīngwén bào)

→

② 제가 그녀를 도울 수 있어요. (돕다 = 帮助 bāngzhù)

→

정답
① 我能看英文报。Wǒ néng kàn Yīngwén bào.
② 我能帮助她。Wǒ néng bāngzhù tā.

저는 지금 뛸 수가 없어요.

我现在不能跑。

Wǒ xiànzài bù néng pǎo.

설명 「不能+동사」=「~할 수가 없다」

我现在不能跑。 저는 지금 뛸 수가 없어요.

: 能의 부정형은 不能으로 무엇을 '할 수 없다'라는 뜻을 나타냅니다.

발음 [워 시엔짜이 뿌넝 파오]

단어 써 보기

~할 수가 없다 **不能** bù néng	不 不 不 不		
	能 能 能 能 能 能 能 能 能 能		
	不能		

뛰다 **跑** pǎo	跑 跑 跑 跑 跑 跑 跑 跑 跑 跑 跑 跑				
	跑				

☐ 我现在不能跑。 Wǒ xiànzài bù néng pǎo.

☐

☐

☐

☐

응용해서 써 보기　🎧 mp3 188

① 저는 지금 걸을 수가 없어요. (걷다 = 走路 zǒu lù)

　→

② 그녀는 지금 술을 마실 수 없어요. (술을 마시다 = 喝酒 hē jiǔ)

　→

정답

① 我现在不能走路。 Wǒ xiànzài bù néng zǒu lù.
② 她现在不能喝酒。 Tā xiànzài bù néng hē jiǔ.

저는 땅콩을 먹으면 안 돼요.

我不能吃花生。

Wǒ bù néng chī huāshēng.

설명 「不能+동사」=「~하면 안 된다」

我不能吃花生。 저는 땅콩을 먹으면 안 돼요.

: 能은 능원 동사(조동사)로 무엇을 '해도 된다'라는 허가의 뜻으로 사용할 수 있습니다. 이
것의 부정형은 不能으로 무엇을 '하면 안 된다'라는 금지의 뜻을 나타냅니다.

발음 [워 뿌넝 츠 화셩]

단어 써 보기

② ~해도 된다 能 néng	能 能 能 能 能 能 能 能 能 能				
	能				

땅콩 花生 huāshēng	花 花 花 花 花 花 花 生 生 生 生 生		
	花生		

☐ 我不能吃花生。Wǒ bù néng chī huāshēng.

☐ _____

☐ _____

☐ _____

☐ _____

응용해서 써 보기   🎧 mp3 190

① 저는 찬 것을 먹으면 안 돼요. (찬 것을 먹다 = 吃冰的 chī bīng de)

    → _____

② 저는 지각하면 안 돼요. (지각하다 = 迟到 chídào)

    → _____

정답

① 我不能吃冰的。Wǒ bù néng chī bīng de.
② 我不能迟到。Wǒ bù néng chídào.

그는 오늘 틀림없이 올 수 있을 거예요.

他今天肯定能来。

Tā jīntiān kěndìng néng lái.

설명 「能+동사」=「~을 할 수 있다」

他今天肯定能来。 그는 오늘 틀림없이 올 수 있을 거예요.

: 能은 능원 동사(조동사)로 '~할 가능성이 있다'라는 추측의 뜻으로 사용할 수 있습니다.

발음 [타 찐티엔 컨딩 넝 라이]

단어 써 보기

③ ~을 할 수 있다	能 能 能 能 能 能 能 能 能 能				
能 néng	能				

틀림없이	肯 肯 肯 肯 肯 肯 肯 肯		
肯定 kěndìng	定 定 定 定 定 定 定 定		
	肯定		

☐ 他今天肯定能来。Tā jīntiān kěndìng néng lái.

☐

☐

☐

☐

응용해서 써 보기 🎧 mp3 192

① 그는 오늘 틀림없이 참가할 수 있을 거예요. (참가하다 = 参加 cānjiā)

→

② 그는 오늘 틀림없이 제때에 도착할 수 있을 거예요. (제때에 도착하다 = 准时到达 zhǔnshí dàodá)

→

정답

① 他今天肯定能参加。Tā jīntiān kěndìng néng cānjiā.
② 他今天肯定能准时到达。Tā jīntiān kěndìng néng zhǔnshí dàodá.

저는 거짓말하지 않을 수 없어요.

我不能不说谎。

Wǒ bù néng bù shuō huǎng.

설명 「不能不+동사」=「~하지 않을 수 없다」

我不能不说谎。저는 거짓말하지 않을 수 없어요.

: 不能不는 무엇을 '하지 않을 수 없다'라는 뜻을 나타냅니다.

발음 [워 뿌녕뿌 슈오황]

단어 써 보기

~하지 않을 수 없다 不能不 bù néng bù	不 不 不 不 能 能 能 能 能 能 能 能 能 能		
	不能不		

거짓말하다 说谎 shuō huǎng	说 说 说 说 说 说 说 说 说 谎 谎 谎 谎 谎 谎 谎 谎 谎 谎 谎		
	说谎		

238

☐ 我不能不说谎。 Wǒ bù néng bù shuō huǎng.

☐

☐

☐

☐

응용해서 써 보기 🎧 mp3 194

① 저는 그를 돕지 않을 수 없어요. (그를 돕다 = 帮助他 bāngzhù tā)

→

② 저는 입원하지 않을 수 없어요. (입원하다 = 住院 zhù yuàn)

→

정답
① 我不能不帮助他。 Wǒ bù néng bù bāngzhù tā.
② 我不能不住院。 Wǒ bù néng bù zhù yuàn.

※ 배운 문장을 기억하여 중국어로 써 보세요. (정답 255p)

① 저는 중국어책을 볼 수 있어요. →

② 저는 영어 신문을 볼 수 있어요. →

③ 제가 그녀를 도울 수 있어요. →

④ 저는 지금 뛸 수가 없어요. →

⑤ 그녀는 지금 술을 마실 수 없어요. →

⑥ 저는 땅콩을 먹으면 안 돼요. →

⑦ 저는 찬 것을 먹으면 안 돼요. →

⑧ 저는 지각하면 안 돼요. →

⑨ 그는 오늘 틀림없이 올 수 있을 거예요. →

⑩ 그는 오늘 틀림없이 참가할 수 있을 거예요. →

⑪ 저는 거짓말하지 않을 수 없어요. →

⑫ 저는 그를 돕지 않을 수 없어요. →

※ 어려운 문장 체크

CHAPTER 14

요청, 부탁 말하기
- 请(~해 주세요)

들어오세요.

请进。

Qǐng jìn.

설명 「请+동사」＝「~하세요」

请进。들어오세요.

: 请은 '요청하다, 부탁하다'라는 뜻으로, 문장 앞에 붙이게 되면 좀 더 공손히 부탁하는 뜻이 됩니다.

발음 [칭 찐]

단어 써 보기

~하세요 请 qǐng	请 请 请 请 请 请 请 请 请 请					
	请					

들어오다 进 jìn	进 进 进 进 进 进 进					
	进					

☐ 请进。 Qǐng jìn.

☐

☐

☐

☐

① 말씀하세요. (말하다 = 说 shuō)

→

② 앉으세요. (앉다 = 坐 zuò)

→

정답
① 请说。 Qǐng shuō.
② 请坐。 Qǐng zuò.

좀 기다려 주세요.

请等一下.

Qǐng děng yí xià.

설명 「请+동사+一下」=「좀 ~해 주세요」

请等一下。 좀 기다려 주세요.

: 一下는 '잠시'라는 뜻의 양사로 「请+동사」 뒤에 사용하여 '좀 ~하다'라는 뜻을 나타냅니다.

발음 [칭 덩 이시아]

단어 써 보기

기다리다	等 等 等 等 等 等 等 等 等 等 等 等
等 děng	等					

잠시	一 下 下 下
一下 yí xià	一下			

☐ 请等一下。 Qǐng děng yí xià.

☐

☐

☐

☐

① 좀 비켜 주세요. (비키다 = 让 ràng)

→

② 좀 확인해 주세요. (확인하다 = 确认 quèrèn)

→

정답
① 请让一下。 Qǐng ràng yí xià.
② 请确认一下。 Qǐng quèrèn yí xià.

다시 한 번 말씀해 주세요.

请再说一遍。

Qǐng zài shuō yí biàn.

설명 「请再+동사」 = 「다시 ~해 주세요」

请再说一遍. 다시 한 번 말씀해 주세요.

: 再는 부사로 동사 앞에 사용하여 '다시, 더'라는 뜻으로 사용합니다. 어떤 행동을 반복해서 하기를 요청할 때 「请再+동사」라고 말합니다.

발음 [칭 짜이 슈어 이비엔]

단어 써 보기

다시, 더 **再** zài	再 再 再 再 再 再					
	再					

한 번 **一遍** yí biàn	一 遍 遍 遍 遍 遍 遍 遍 遍 遍 遍 遍										
	一遍		

☐ 请再说一遍。 Qǐng zài shuō yí biàn.

☐

☐

☐

☐

① 한 개 더 드세요. (한 개를 먹다 = 吃一个 chī yí gè)

　→

② 잠시 더 기다려 주세요. (잠시 기다리다 = 等一会儿 děng yí huìr)

　→

정답
① 请再吃一个。 Qǐng zài chī yí gè.
② 请再等一会儿。 Qǐng zài děng yí huìr.

많이 가르쳐 주세요.

请多多指教。

Qǐng duō duō zhǐ jiào.

설명 「请多多+동사」=「많이 ~해 주세요」

请多多指教。 많이 가르쳐 주세요.

: 多多는 부사로 동사 앞에 사용하여 '많이, 널리, 잘'이라는 뜻으로 사용합니다.

발음 [칭 뚜오뚜오 즈찌아오]

단어 써 보기

많이, 널리 多多 duō duō	多 多 多 多 多 多			
	多多			

지도하다, 가르치다 指教 zhǐ jiào	指 指 指 指 指 指 指 指 指 教 教 教 教 教 教 教 教 教 教 教			
	指教			

☐　请多多指教。Qǐng duō duō zhǐ jiào.

☐

☐

☐

☐

① 잘 부탁드립니다(= 많이 보살펴 주세요). (보살피다 = 关照 guānzhào)

　→

② 널리 양해해 주십시오. (양해하다 = 谅解 liàngjiě)

　→

정답
① 请多多关照。Qǐng duō duō guānzhào.
② 请多多谅解。Qǐng duō duō liàngjiě.

모두 주의해 주시길 바랍니다.

请大家注意。

Qǐng dàjiā zhùyì.

설명 「请大家+동사」=「모두 ~해 주세요」
请大家注意。모두 주의해 주시길 바랍니다.
: 大家는 '모두, 여러분'이라는 뜻의 대명사로 여러 사람에게 정중히 요청할 때 「请大家+동사」의 형식을 사용합니다.

발음 [칭 따지아 쭈이]

단어 써 보기

모두, 여러분 **大家** dàjiā	大 大 大 家 家 家 家 家 家 家 家 家 家		
	大家		

주의하다 **注意** zhùyì	注 注 注 注 注 注 注 注 意 意 意 意 意 意 意 意 意 意		
	注意		

☐ 请大家注意。 Qǐng dàjiā zhùyì.

☐

☐

☐

☐

① 모두 조용히 해 주시길 바랍니다. (조용하다 = 安静 ānjìng)

　→

② 모두 차에서 내려 주시길 바랍니다. (차에서 내리다 = 下车 xià chē)

　→

정답
① 请大家安静。 Qǐng dàjiā ānjìng.
② 请大家下车。 Qǐng dàjiā xià chē.

※ 배운 문장을 기억하여 중국어로 써 보세요. (정답 255p)

① 들어오세요. →

② 말씀하세요. →

③ 앉으세요. →

④ 좀 기다려 주세요. →

⑤ 좀 비켜 주세요. →

⑥ 다시 한 번 말씀해 주세요. →

⑦ 한 개 더 드세요. →

⑧ 잠시 더 기다려 주세요. →

⑨ 많이 가르쳐 주세요. →

⑩ 잘 부탁드립니다. →

⑪ 모두 주의해 주시길 바랍니다. →

⑫ 모두 조용히 해 주시길 바랍니다. →

※ 어려운 문장 체크

부록

각 챕터 TEST 정답과 도서 내 모든 어휘의
사전적 해설인 단어 주석을 담았습니다.
음절 체계를 일목요연하게 볼 수 있도록
한어병음 음절표를 수록하였습니다.

Chapter 1

1. 你好！
2. 您好！
3. 老师好！
4. 大家好！
5. 再见！
6. 明天见！
7. 谢谢！
8. 不客气。
9. 对不起。
10. 没关系。
11. 我叫李秀英。
12. 我叫王伟。

Chapter 2

1. 我是学生。
2. 我是老师。
3. 我是韩国人。
4. 我是中国人。
5. 我是他的妹妹。
6. 我是这里的职员。
7. 我是一年级的。
8. 我也是老师。
9. 我也是学生。
10. 我不是经理。
11. 我不是他的姐姐。
12. 我们都是中国人。

Chapter 3

1. 今天星期一。
2. 今天星期二。
3. 今天一月一号。

4. 今天三月十号。
5. 现在十二点。
6. 现在三点。
7. 现在两点半。
8. 现在两点十分。
9. 今年三十岁。
10. 今年三十九岁。
11. 身高一米六。
12. 身高一米八。

Chapter 4

1. 人很多。
2. 手很大。
3. 发音很好。
4. 个子很高。
5. 汉语很难。
6. 衣服很贵。
7. 天气很热。
8. 菜很好吃。
9. 飞机很快。
10. 工作很忙。
11. 孩子很可爱。
12. 房间很干净。

Chapter 5

1. 我吃饭。
2. 我学英语。
3. 我看电视。
4. 我听音乐。
5. 我喝水。
6. 我做饭。
7. 我写信。
8. 我回家。

9. 我买礼物。
10. 我卖水果。
11. 我穿衣服。
12. 我爱家人。

Chapter 6

1. 我在家。
2. 我在外面。
3. 爸爸不在家。
4. 老师不在办公室。
5. 妈妈在房间里。
6. 衣服在衣柜里。
7. 水果在桌子上。
8. 我在家做作业。
9. 我在办公室工作。
10. 妹妹在房间里打电话。
11. 我在地铁上看书。
12. 我在公交车上看报纸。

Chapter 7

1. 我有手机。
2. 我有很多朋友。
3. 我有很多问题。
4. 她很有能力。
5. 他很有魅力。
6. 我没有时间。
7. 我没有零钱。
8. 家里有事。
9. 钱包里没有卡。
10. 桌上有一个面包。
11. 桌上有一本书。
12. 街上没有垃圾。

我去公司。

我去学校。

我每天去学校。

我每天去健身房。

我去买东西。

我去看电影。

我去教室上课。

我去超市买东西。

我来这里运动。

我们一起去吃饭吧。

我们一起去喝酒吧。

咱们一起来干杯吧。

我喜欢小狗。

我喜欢白色。

我喜欢下雪的冬天。

我喜欢开花的春天。

我喜欢散步。

我喜欢玩游戏。

我很喜欢去旅游。

我非常喜欢吃火锅。

我非常喜欢看电影。

我不喜欢猫。

我不喜欢绿色。

我不太喜欢吃甜的。

我要这个。

我要那个。

我要美式咖啡。

4. 我要点菜。

5. 我要买一件裤子。

6. 我要买一本词典。

7. 你要认真学习。

8. 你要注意感冒。

9. 不要抽烟。

10. 不要扔垃圾。

11. 快要吃饭了。

12. 快要结束了。

Chapter 11

1. 我想你。

2. 我想家人。

3. 我想休息。

4. 我想睡觉。

5. 我想喝咖啡。

6. 我想当医生。

7. 我想当歌手。

8. 我想当律师。

9. 我想谈恋爱。

10. 我很想去海边玩儿。

11. 我不想每天加班。

12. 我不想吃蔬菜。

Chapter 12

1. 我会开车。

2. 我会做饭。

3. 我会游泳。

4. 我会说日语。

5. 我会说英语。

6. 我不会喝酒。

7. 我不会说汉语。

8. 他很会说话。

9. 他很会唱歌。

10. 他很会跳舞。

11. 他一定会来的。

12. 他一定会成功的。

Chapter 13

1. 我能看中文书。

2. 我能看英文报。

3. 我能帮助她。

4. 我现在不能跑。

5. 她现在不能喝酒。

6. 我不能吃花生。

7. 我不能吃冰的。

8. 我不能迟到。

9. 他今天肯定能来。

10. 他今天肯定能参加。

11. 我不能不说谎。

12. 我不能不帮助他。

Chapter 14

1. 请进。

2. 请说。

3. 请坐。

4. 请等一下。

5. 请让一下。

6. 请再说一遍。

7. 请再吃一个。

8. 请再等一会儿。

9. 请多多指教。

10. 请多多关照。

11. 请大家注意。

12. 请大家安静。

A

爱	ài	(동)	사랑하다
矮	ǎi	(형)	(사람의 키가) 작다
安静	ānjìng	(형)	조용하다

B

吧	ba	(조)	문장 끝에 쓰여 청유, 명령 등의 어기를 나타냄
八	bā	(수)	여덟, 팔
爸爸	bàba	(명)	아빠, 아버지
白色	báisè	(명)	흰색
半	bàn	(수)	절반
办公室	bàngōngshì	(명)	사무실
帮助	bāngzhù	(동)	돕다
报	bào	(명)	신문
宝宝	bǎobao	(명)	아기, 귀염둥이
报告	bàogào	(명)	보고서
报纸	bàozhǐ	(명)	신문
杯子	bēizi	(명)	컵, 잔
本	běn	(양)	권(책을 세는 단위)
毕业	bì yè	(동)	졸업하다
遍	biàn	(양)	번, 회(한 동작의 처음부터 끝까지의 전 과정을 가리킴)
冰	bīng	(동) 차다 (명) 얼음
不	bù	(부)	안, 못
不好	bù hǎo	(형)	나쁘다, 좋지 않다
不会	bú huì	(동) ~할 줄 모르다 (동) ~일 리 없다
不客气	bú kèqi		천만에요
不能	bù néng	(동) ~할 수가 없다 (동) ~해서는 안 된다
不能不	bù néng bù	(부)	~하지 않을 수 없다
不是	bú shì	(동)	~이 아니다

不太	bú tài		그다지 ~지 않다
不想	bù xiǎng	(동)	바라지 않다
不要	bú yào	(동) ~하지 마라 (동) ~해서는 안 된다
不在	bú zài	(동)	~에 있지 않다

C

菜	cài	(명)	요리, 음식
参加	cānjiā	(동)	참가하다, 참여하다
厕所	cèsuǒ	(명)	화장실
茶	chá	(명)	차
唱歌	chàng gē	(동)	노래 부르다
超市	chāoshì	(명)	슈퍼마켓, 마트
吵闹	chǎonào	(동)	소란을 피우다
车	chē	(명)	자동차
成功	chénggōng	(동)	성공하다, 이루다
吃	chī	(동)	먹다
迟到	chídào	(동)	지각하다
抽烟	chōu yān	(동)	담배를 피우다
厨房	chúfáng	(명)	주방, 부엌
穿	chuān	(동)	입다
春天	chūntiān	(명)	봄
词典	cídiǎn	(명)	사전

D

打	dǎ	(동)	(전화를) 걸다
打电话	dǎ diànhuà		전화를 걸다
打扫	dǎsǎo	(동)	청소하다
大	dà	(형)	크다
大家	dàjiā	(대)	모두, 여러분
蛋糕	dàngāo	(명)	케이크
当	dāng	(동)	맡다, ~이 되다
到达	dàodá	(동)	도달하다, 도착하다

	de	㉗ 관형어 뒤에 쓰여 관형어와 중심어 사이가 종속 관계, 수식 관계임을 나타냄
	děng	㉐ 기다리다
	dī	㉅ (높이가) 낮다
铁	dìtiě	㉑ 지하철
	diǎn	㉓ 시
菜	diǎn cài	㉐ 요리를 주문하다
话	diànhuà	㉑ 전화
脑	diànnǎo	㉑ 컴퓨터
视	diànshì	㉑ 텔레비전
视剧	diànshìjù	㉑ 드라마
影	diànyǐng	㉑ 영화
天	dōngtiān	㉑ 겨울
西	dōngxi	㉑ 것, 물건
	dōu	㉕ 모두, 다
炼	duànliàn	㉐ 단련하다
不起	duìbuqǐ	㉐ 미안합니다
	duō	㉅ 많다
多	duōduō	㉕ 널리, 많이
	èr	㉔ 둘, 이
音	fāyīn	㉑ 발음
	fàn	㉑ 밥
间	fángjiān	㉑ 방
子	fángzi	㉑ 집
常	fēicháng	㉕ 대단히, 매우
机票	fēijīpiào	㉑ 비행기표
	fēn	㉓ 분

G

干杯	gān bēi	㉐ 건배하다
干净	gānjìng	㉅ 깨끗하다
感冒	gǎnmào	㉐ 감기에 걸리다
高	gāo	㉅ 높다
哥哥	gēge	㉑ 형, 오빠
歌手	gēshǒu	㉑ 가수
个	gè	㉓ 개, 명(사물, 사람을 세는 단위)
个子	gèzi	㉑ 키
公交车	gōngjiāo chē	㉑ (대중교통) 버스
公司	gōngsī	㉑ 회사
工作	gōngzuò	㉑ 일 ㉐ 일하다
购物	gòu wù	㉐ 쇼핑하다
关照	guānzhào	㉐ 돌보다, 보살피다
广播	guǎngbō	㉑ 라디오
贵	guì	㉅ 비싸다

H

孩子	háizi	㉑ 아이, 어린이
海边	hǎibiān	㉑ 해변, 바닷가
韩国	Hánguó	㉑ 한국
韩语	Hányǔ	㉑ 한국어
汉语	Hànyǔ	㉑ 중국어
好	hǎo	㉅ 좋다, 안녕하다
好吃	hǎochī	㉅ 맛있다
号	hào	㉑ 일(날짜)
喝	hē	㉐ 마시다
很	hěn	㉕ 매우, 아주
花生	huāshēng	㉑ 땅콩
化妆品	huàzhuāngpǐn	㉑ 화장품
坏	huài	㉅ 나쁘다

回	huí	图 되돌아가다
回家	huí jiā	图 집으로 돌아가다
会	huì	图 (배워서) ~을 할 줄 알다
		图 ~을 잘하다
		图 ~할 가능성이 있다
火车	huǒchē	명 기차
火锅	huǒguō	명 훠궈

J

家	jiā	명 집
加班	jiā bān	图 초과 근무를 하다
家人	jiārén	명 가족
简历	jiǎnlì	명 이력서
见	jiàn	图 보다
件	jiàn	명 건, 개(일, 옷, 짐을 세는 단위)
健身房	jiànshēnfáng	명 헬스 클럽
讲座	jiǎngzuò	명 강좌
叫	jiào	图 부르다
教室	jiàoshì	명 교실
街	jiē	명 거리, 대로
结束	jiéshù	图 끝나다
姐姐	jiějie	명 누나, 언니
今年	jīnnián	명 올해
今天	jīntiān	명 오늘
进	jìn	图 (안으로) 들다
经理	jīnglǐ	명 사장, 매니저
九	jiǔ	쉬 아홉, 구
酒	jiǔ	명 술

K

咖啡	kāfēi	명 커피
卡	kǎ	명 카드
开车	kāi chē	图 운전하다

开花	kāi huā	图 꽃이 피다
看	kàn	图 보다
看书	kàn shū	图 책을 보다, 공부하다
考试	kǎo shì	图 시험을 보다 명 시험
可爱	kě'ài	형 사랑스럽다, 귀엽다
可乐	kělè	명 콜라
课	kè	명 수업, 강의
肯定	kěndìng	위 확실히, 틀림없이
空调	kōngtiáo	명 에어컨
裤子	kùzi	명 바지
快	kuài	형 빠르다
快要	kuàiyào	위 곧 ~하다

L

垃圾	lājī	명 쓰레기
辣	là	형 맵다
来	lái	图 오다
老师	lǎoshī	명 선생님
老鼠	lǎoshǔ	명 쥐
了	le	图 문장의 말미에 쓰여 변하는 새로운 상황의 출현 타냄
冷	lěng	형 춥다, 차다
礼物	lǐwù	명 선물
里	li	명 안, 속
恋爱	liàn'ài	명 연애
两	liǎng	쉬 둘
谅解	liàngjiě	图 양해하다, 이해하여 주
零钱	língqián	명 잔돈
六	liù	쉬 여섯, 육
旅游	lǚyóu	图 여행하다, 관광하다
绿色	lǜsè	명 녹색
律师	lǜshī	명 변호사

M

妈	māma	몡	엄마, 어머니
	mǎi	통	사다
	mài	통	팔다
	màn	혱	느리다
	máng	혱	바쁘다
	māo	몡	고양이
关系	méi guānxi		괜찮다, 상관 없다
有	méiyǒu	통	없다, 가지고 있지 않다
国	Měiguó	몡	미국
式	měishì	몡	미국식
天	měitiān	뭐	매일, 날마다
力	mèilì	몡	매력
妹	mèimei	몡	여동생
	mèng	몡	꿈
	mǐ	양	미터
包	miànbāo	몡	빵
条	miàntiáo	몡	국수
天	míngtiān	몡	내일

铁	nátiě	몡	라떼
个	nà ge	데	그, 그것
	nán	혱	어렵다
吃	nánchī	혱	먹기 어렵다, 맛이 없다
	néng	통	~할 수 있다
		통	~해도 된다
力	nénglì	몡	능력, 역량
	nǐ	데	너, 당신
级	niánjí	몡	학년
	nín	데	당신, 귀하
仔裤	niúzǎikù	몡	청바지

O

欧洲	Ōuzhōu	몡	유럽

P

爬山	pá shān	통	등산하다
跑	pǎo	통	달리다, 뛰다
朋友	péngyou	몡	친구
啤酒	píjiǔ	몡	맥주
便宜	piányi	혱	(값이) 싸다
苹果	píngguǒ	몡	사과

Q

七	qī	수	일곱, 칠
汽车	qìchē	몡	자동차
钱	qián	몡	돈, 화폐
请	qǐng	통	청하다, 부탁하다
全部	quánbù	몡	전부, 모두
确认	quèrèn	통	확인하다

R

让	ràng	통	양보하다, 비키다
热	rè	혱	덥다, 뜨겁다
人	rén	몡	사람
认真	rènzhēn	혱	진지하다, 착실하다
扔	rēng	통	던지다
日语	Rìyǔ	몡	일본어
容易	róngyì	혱	쉽다

S

三	sān	수	셋, 삼
散步	sàn bù	통	산책하다
上	shàng	통	가다
上班	shàng bān	통	출근하다

上课	shàng kè	동 수업하다
上	shang	명 ~위에
少	shǎo	형 적다
身高	shēngāo	명 키
身体	shēntǐ	명 몸, 건강
声音	shēngyīn	명 소리, 목소리
十	shí	수 열, 십
时间	shíjiān	명 시간
是	shì	동 ~이다
事	shì	명 일
手	shǒu	명 손
手机	shǒujī	명 휴대폰
书	shū	명 책
蔬菜	shūcài	명 채소, 야채
水	shuǐ	명 물
水果	shuǐguǒ	명 과일
睡觉	shuì jiào	동 잠을 자다
说谎	shuō huǎng	동 거짓말하다
四	sì	수 넷, 사
速度	sùdù	명 속도
岁	suì	명 살, 세

T

他	tā	대 그
她	tā	대 그녀
太	tài	부 그다지, 별로(부정형으로 쓰임)
谈	tán	동 말하다
谈恋爱	tán liàn'ài	동 연애하다
踢	tī	동 차다
踢足球	tī zúqiú	축구를 하다
天气	tiānqì	명 날씨
甜	tián	형 달다, 달콤하다
跳舞	tiào wǔ	동 춤을 추다

| 听 | tīng | 동 듣다 |

W

外面	wàimiàn	명 밖, 바깥
玩	wán	동 놀다
味道	wèidao	명 맛
温度	wēndù	명 온도
问题	wèntí	명 문제
我	wǒ	대 나, 저
五	wǔ	수 다섯, 오
物价	wùjià	명 물가

X

西班牙语	Xībānyáyǔ	명 스페인어
西瓜	xīguā	명 수박
喜欢	xǐhuan	동 좋아하다
洗手间	xǐshǒujiān	명 화장실
下车	xià chē	동 차에서 내리다
夏天	xiàtiān	명 여름
下雪	xià xuě	동 눈이 내리다
闲	xián	형 한가하다
现在	xiànzài	명 지금, 현재
想	xiǎng	동 그리워하다, ~하고 싶다
小	xiǎo	형 작다
小狗	xiǎogǒu	명 강아지
鞋子	xiézi	명 신발
写	xiě	동 쓰다
谢谢	xiè xie	동 감사합니다
信	xìn	명 편지
星期	xīngqī	명 요일
休息	xiūxi	동 휴식하다, 쉬다
学	xué	동 배우다

生	xuésheng	명 학생
习	xuéxí	동 공부하다, 배우다
校	xuéxiào	명 학교

力	yālì	명 스트레스, 압력
热	yánrè	형 무덥다
要	yào	동 원하다
		동 ~하려고 하다
		동 ~해야 한다
也	yě	부 ~도
一	yī	수 하나, 일
服	yīfu	명 옷
柜	yīguì	명 옷장
生	yīshēng	명 의사
院	yīyuàn	명 병원
定	yídìng	부 반드시, 꼭
会儿	yíhuìr	명 잠깐 동안, 잠시
下	yíxià	양 동사 뒤에 쓰여 '시험삼아 해 보다' 또는 '좀 ~하다'의 뜻을 나타냄
子	yǐzi	명 의자
起	yìqǐ	부 같이, 함께
乐	yīnyuè	명 음악
料	yǐnliào	명 음료
文	Yīngwén	명 영문, 영어
语	Yīngyǔ	명 영어
销部	yíngxiāobù	마케팅부
	yǒu	동 있다(존재), 가지고 있다(소유)
戏	yóuxì	명 게임
泳	yóu yǒng	동 수영하다
	yuè	명 월
动	yùndòng	명 운동

Z

再	zài	부 또, 다시
在	zài	동 ~에 있다
在	zài	개 ~에서
咱们	zánmen	대 우리(자기 쪽과 상대방을 모두 포함함)
脏	zāng	형 더럽다
张	zhāng	양 장(종이, 책상을 세는 단위)
这个	zhè ge	대 이, 이것
这里	zhèlǐ	대 이곳, 여기
职员	zhíyuán	명 직원
纸	zhǐ	명 종이
指教	zhǐjiào	동 가르침을 주다
智商	zhìshāng	명 IQ, 아이큐
中国	Zhōngguó	명 중국
中文	Zhōngwén	명 중국 언어와 문자
注意	zhùyì	동 주의하다, 조심하다
住院	zhù yuàn	동 입원하다
准时	zhǔnshí	부 정시에
桌子	zhuōzi	명 탁자
走路	zǒu lù	동 걷다
足球	zúqiú	명 축구
做	zuò	동 하다
坐	zuò	동 앉다
做饭	zuò fàn	동 밥을 하다
做梦	zuò mèng	동 꿈을 꾸다
作业	zuòyè	명 숙제

	단운모						복운모				비운모					
	a	o	e	i	u	ü	ai	ei	ao	ou	an	en	ang	eng	ong	ia
b	ba	bo		bi	bu		bai	bei	bao		ban	ben	bang	beng		
p	pa	po		pi	pu		pai	pei	pao	pou	pan	pen	pang	peng		
m	ma	mo	me	mi	mu		mai	mei	mao	mou	man	men	mang	meng		
f	fa	fo			fu			fei		fou	fan	fen	fang	feng		
d	da		de	di	du		dai	dei	dao	dou	dan		dang	deng	dong	
t	ta		te	ti	tu		tai		tao	tou	tan		tang	teng	tong	
n	na		ne	ni	nu	nü	nai	nei	nao	nou	nan	nen	nang	neng	nong	
l	la		le	li	lu	lü	lai	lei	lao	lou	lan		lang	leng	long	lia
g	ga		ge		gu		gai	gei	gao	gou	gan	gen	gang	geng	gong	
k	ka		ke		ku		kai		kao	kou	kan	ken	kang	keng	kong	
h	ha		he		hu		hai	hei	hao	hou	han	hen	hang	heng	hong	
j				ji	ju											jia
q				qi	qu											qia
x				xi	xu											xia
zh	zha		zhe	zhi	zhu		zhai	zhei	zhao	zhou	zhan	zhen	zhang	zheng	zhong	
ch	cha		che	chi	chu		chai		chao	chou	chan	chen	chang	cheng	chong	
sh	sha		she	shi	shu		shai	shei	shao	shou	shan	shen	shang	sheng		
r			re	ri	ru				rao	rou	ran	ren	rang	reng	rong	
z	za		ze	zi	zu		zai	zei	zao	zou	zan	zen	zang	zeng	zong	
c	ca		ce	ci	cu		cai		cao	cou	can	cen	cang	ceng	cong	
s	sa		se	si	su		sai		sao	sou	san	sen	sang	seng	song	
y				yi	yu											ya
w				wu												

※ 이 표에는 권설운모(er)를 생략하였습니다.

i 결합운모						u 결합운모								ü 결합운모		
iu	ian	in	iang	ing	iong	ua	uo	uai	ui	uan	un	uang	ueng	üe	üan	ün
	bian	bin		bing												
	pian	pin		ping												
miu	mian	min		ming												
diu	dian			ding			duo		dui	duan	dun					
	tian			ting			tuo		tui	tuan	tun					
niu	nian	nin	niang	ning			nuo			nuan				nüe		
liu	lian	lin	liang	ling			luo			luan	lun			lüe		
						gua	guo	guai	gui	guan	gun	guang				
						kua	kuo	kuai	kui	kuan	kun	kuang				
						hua	huo	huai	hui	huan	hun	huang				
jiu	jian	jin	jiang	jing	jiong									jue	juan	jun
qiu	qian	qin	qiang	qing	qiong									que	quan	qun
xiu	xian	xin	xiang	xing	xiong									xue	xuan	xun
						zhua	zhuo	zhuai	zhui	zhuan	zhun	zhuang				
						chua	chuo	chuai	chui	chuan	chun	chuang				
						shua	shuo	shuai	shui	shuan	shun	shuang				
							ruo		rui	ruan	run					
							zuo		zui	zuan	zun					
							cuo		cui	cuan	cun					
							suo		sui	suan	sun					
you	yan	yin	yang	ying	yong									yue	yuan	yun
						wa	wo	wai	wei	wan	wen	wang	weng			

나의 하루 1줄 중국어 쓰기 수첩 [기초문장 100]

초판9쇄 발행	2025년 8월 20일 (인쇄 2025년 6월 24일)
초판1쇄 발행	2018년 7월 05일 (인쇄 2018년 4월 30일)
발 행 인	박영일
책 임 편 집	이해욱
지 은 이	시대어학연구소
편 집 진 행	시대어학연구소
표 지 디 자 인	조혜령
편 집 디 자 인	임아람 · 하한우
발 행 처	시대인
공 급 처	(주)시대고시기획
출 판 등 록	제 10-1521호
주 소	서울시 마포구 큰우물로 75 [도화동 538 성지 B/D] 9F
전 화	1600-3600
팩 스	02-701-8823
홈 페 이 지	www.sdedu.co.kr

I S B N	979-11-254-4681-1(14720)
정 가	12,000원